영어 독해력 증강 프로그램
행복한 명작 읽기 ①

센스 앤 센서빌리티

Sense and Sensibility

다락원

행복한 명작 읽기

　어린 시절 누구나 한번쯤 읽게 되는 아름다운 동화와 명작은 훗날 어른이 되어서도 따뜻한 기억으로 가슴에 남기 마련이죠. 이제 영어로 다시 한번 명작의 세계에 빠져 보는 건 어떨까요? 한글 번역본에서는 절대 느낄 수 없는 원작의 깊이를 그 느낌 그대로 맛볼 수 있고, 이미 알고 있는 이야기라 어렵지 않습니다. 즐겁게 읽어 나가는 사이에 독해력이 쑥쑥 자라는 것은 기본이죠.

　「행복한 명작 읽기」 시리즈는 기초가 약한 영어 초급자나, 중, 고등 학생이 보다 즐겁고 효과적으로 영어 명작을 읽으며 독해력을 키울 수 있도록 개발된 독해력 증강 프로그램입니다.

　초보자를 위한 250단어 수준에서 중고급자를 위한 1,000단어 수준까지 6단계로 구성되어 있는 이 프로그램은 단계별로 효과적인 영어 읽기 요령을 제시하고 영문 고유의 참맛을 느낄 수 있는 장치가 곳곳에 배치되어 있습니다. 영어 표현 및 문법에 대한 친절한 설명, 어휘 학습과 내용의 이해를 돕는 퀴즈, 그리고 매 페이지 펼쳐지는 멋진 그림까지 어디 한군데 소홀함 없이 구성했습니다. 여기에 권말 특별부록 '리스닝 길잡이'를 곁들여, 읽기에서 그치지 않고 체계적인 듣기 학습까지 아우르고 있습니다. QR코드를 찍어 전문 미국 성우들의 생동감 넘치는 음성으로 본문을 들어 보세요.

　본문은 단계별 독자들의 수준을 고려하여 원어민 전문 필진이 교육부 선정 어휘를 가지고 표준 미국식 영어로 리라이팅하였기 때문에 정규 교과 학습에도 큰 도움이 될 것입니다. 「행복한 명작 읽기」를 통해 영어를 읽고 듣는 재미에 푹 빠져 보시기 바랍니다.

행복한 명작 읽기 연구회

Introduction

이 책의 저자

제인 오스틴 (1775~1817)
Jane Austen

제인 오스틴은 영국 햄프셔 주의 스티븐턴이라는 마을에서 6남 2녀 중 둘째 딸로 태어났다. 목사인 아버지와 재치 넘치는 어머니를 둔 오스틴 가족은 화목했으며, 연극을 즐겨서 이웃과 극단을 만들기도 했다.

틈틈이 글을 쓰던 제인 오스틴은 1811년에 《이성과 감성 Sense and Sensibility》을 발표하였으며, 이후 《오만과 편견 Pride and Prejudice》(1813), 《맨스필드 공원 Mansfield Park》(1814), 《엠마 Emma》(1815)를 연속적으로 출간하였다. 《노생거 수도원 Northanger Abbey》과 《설득 Persuasion》은 1817년 그녀가 죽은 뒤에 출간되었다. 그녀의 소설은 당시 영국 중산층에 속한 평범한 사람들 사이의 사랑과 결혼 문제를 깊이 다루고 있는 것이 특징이다.

평생 독신으로 살다가 1817년 42세의 나이로 세상을 떠난 제인 오스틴은 최초로 현대적 성격의 소설을 쓴 것으로 평가받는다.

「센스 앤 센서빌리티」는 처음에 《엘리너와 메리앤》이라는 서간체 소설로 쓰여졌다고 한다. 18세기 말의 영국을 배경으로, 대시우드 가(家) 자매가 겪는 사랑과 결혼을 둘러싼 애정관계와 갈등, 그리고 이런 경험들을 통해 주인공들이 보다 성숙해져 가는 과정을 그리고 있다.

 대시우드 가는 영국 서섹스 지방의 노어랜드 파크에 살고 있다. 헨리 대시우드가 죽고 나서, 유산의 대부분이 첫 번째 부인과의 사이에서 난 아들 존과 그의 아내 패니에게 돌아가자, 그의 두 번째 부인과 그녀의 세 딸 엘리너, 메리앤, 마가렛은 쫓겨나다시피 미들턴 경이라는 먼 친척이 제공한 바튼 카티지로 이사하게 된다. 이사 후 둘째 딸 메리앤에게는 브랜든 대령과 윌로비라는 두 명의 구혼자가 생기는데, 메리앤은 조용한 성격을 가진 30대 중반의 브랜든 대령에게는 전혀 관심이 없고, 젊고 잘생긴 윌로비에게 푹 빠진다.

 한편 노어랜드에 살 때부터 패니의 동생인 에드워드와 친밀한 관계를 맺고 있었던 엘리너는 스틸 자매의 등장으로 에드워드에 관한 새로운 사실을 알게 되는데…

contents

Introduction 4

Before you read 8

[MP3] 001 **CHAPTER ONE**
The Dashwoods 10
Comprehension Quiz 30

[MP3] 002 **CHAPTER TWO**
A Handsome Stranger 32

Understanding the Story 48

[MP3] 003 **CHAPTER THREE**
Secrets 50
Comprehension Quiz 70

[MP3] 004 **CHAPTER FOUR**
The Truth Revealed 72

Understanding the Story 92

[MP3] 005 **CHAPTER FIVE**
Back to Barton 94
Comprehension Quiz 114

권말 부록
리스닝 길잡이 117
[MP3] 006 | Listening Comprehension 124

전문 번역 128

Sense and Sensibility

센스 앤 센서빌리티

Before You Read

〈센스 앤 센서빌리티〉의 등장인물들이 여러분께 자기를 소개합니다. 반갑게 맞아 주세요.

Elinor 엘리너

I am Elinor, the oldest of three sisters. Our mother is Mrs. Dashwood, and our father, Henry Dashwood, died suddenly in middle age. I must be strong and take good care of my mother and sisters. I cannot let my own emotions control me, for if I do, I will just be adding to my family's difficulties.

전 엘리너예요. 세 자매 중 맏이죠. 저희 어머니는 대시우드 부인이고, 아버지 헨리 대시우드 씨는 중년의 나이에 갑작스럽게 돌아가셨어요. 전 강해져서 어머니와 동생들을 돌봐야 한답니다. 전 제 감정에 지배당하면 안 돼요. 그랬다간 우리 가족의 고난을 가중시킬 뿐일 것이기 때문이에요.

middle age 중년 **let + A + 동사원형** A가 ~하게 하다 **control** 지배하다, 통제하다
add to ~을 더하다, 보태다 **difficulties** 〈복수형〉 곤경, 곤란

Marianne 메리앤

Oh, when will I meet my true love? I am looking for a handsome, young, gentleman who will sweep me off my feet. It doesn't matter if he is fabulously rich or not. I don't understand my older sister Elinor. It's obvious that she is in love with Edward Ferrars, but she does not show it. Oh, if I were in love, I would show him how much I loved him!

아, 언제 진정한 나의 사랑을 만날까요? 저는 흠뻑 빠져들 잘생기고 젊은 신사를 찾고 있어요. 그가 엄청난 부자인지 아닌지는 상관없어요. 난 엘리너 언니를 이해할 수 없어요. 언니는 에드워드 페라스와 사랑에 빠진 게 분명한데 그걸 드러내지 않거든요. 아, 내가 사랑을 한다면 그에게 내가 얼마나 사랑하는지 보여줄 거예요.

sweep A off one's feet ~을 열중[열광]케 하다 **matter** 중요하다, 문제가 되다
fabulously 놀랄 만큼, 굉장히 **obvious** 분명한

Edward Ferrars 에드워드 페라스

I am not a very ambitious man. My family wants me to be a successful man in society, but I just want a simple, private life. Even if I have to give it up to marry the woman I love, I would pursue a quiet life.

난 야망이 전혀 없는 사내입니다. 내 가족은 내가 사회에서 성공하길 바라지만, 전 단순하고 개인적인 삶을 원한답니다. 내가 사랑하는 여인과 결혼하는 것을 포기해야 하더라도 난 조용한 삶을 추구하겠어요.

ambitious 야심 있는　**private** 사적인, 사람 눈에 띠지 않는　**give up** 포기하다　**pursue** 추구하다

Willoughby 윌로비

I am a charming, young, and handsome gentleman. Maybe I am a bit of a playboy. But I don't have a lot of money. So when I marry, it must be to a woman who is rich and who can support me.

난 매력적이고 젊고 잘생긴 신사요. 약간은 바람둥이인지도 모르겠소. 하지만 난 돈이 많지 않소. 그래서 내가 결혼한다면 돈 많고 날 먹여 살릴 수 있는 여자이어야만 한다오.

charming 매력적인　**a bit of** 조금의, 약간의　**support** 부양하다, 후원하다

Colonel Brandon 브랜든 대령

I am a quiet man, but I am not timid or shy. I think I have fallen in love with Marianne. However, she recently is in love with Willoughby. I know he is such a scoundrel, but I won't say anything about him for the time being because I do not want her to be hurt by anyone.

난 말수가 없는 사람이지만 소심하거나 수줍음을 타지는 않소. 난 메리앤을 사랑하게 된 것 같소. 하지만 그녀는 윌로비와 사랑에 빠졌지. 난 그자가 대단한 불한당이라는 걸 아오. 하지만 그에 대해 당분간 아무말도 하지 않을 거요. 그녀가 그 누구한테도 상처받길 원하지 않거든.

recently 최근에　**scoundrel** 불한당　**for the time being** 당분간

Chapter One

The Dashwoods

RESPONSE NOTES

The Dashwoods lived in the Southern English town of Sussex for many generations. They owned a large country house named Norland Park. The head of the family was old Mr. Dashwood, an elderly unmarried gentleman. During the last years of Mr. Dashwood's life, he invited his nephew, Henry Dashwood, and his family to move into Norland Park.

Henry Dashwood had one son, John, by his first wife and three daughters by his present wife.[1] John was a young man who had received a large inheritance from his mother. The Norland fortune was not as important to John as it was to his sisters who had little money of their own.[2]

- **the + 사람 이름 + -s** ~일가, 부부
- **generation** 세대
- **own** 소유하다
- **country house** (시골의) 귀족[대지주]의 저택
- **named** ~라는 이름의
- **elderly** 나이가 지긋한
- **unmarried** 미혼의
- **nephew** 남자 조카 cf. niece (여자 조카)
- **present** 현재의
- **receive** 받다
- **inheritance** 유산, 상속 재산
- **fortune** 재산; 운
- **lifetime** 일생
- **be fond of** ~을 좋아하다

When old Mr. Dashwood died, Henry learned that his uncle had not left the fortune to him, but rather for him to use during his lifetime.³ When Henry died, the inheritance would pass to his son John and then to John's son. This was because old Mr. Dashwood had been especially fond of John's son. But out of kindness, the old man left Henry's daughters 1,000 pounds each.

Check Up

Why did old Mr. Dashwood not leave all his money to Henry?

- a   He was very impressed with his nephew's grandson.
- b   He did not like Henry's daughters.
- c   He wanted to give all the money to John instead.

1 헨리 대시우드에겐 첫 부인과의 사이에서 태어난 아들 존과 현재 아내와의 사이에서 태어난 세 딸이 있었다.

2 존에게 노어랜드의 재산은 자신들의 돈이 거의 없는 여동생들만큼 중요하지 않았다.

3 대시우드 영감이 세상을 떠났을 때, 헨리는 삼촌이 자신에게 재산을 남기지 않았지만, 대신 살아 있는 동안 쓸 수 있게 해 놓았다는 걸 알았다. → rather: 오히려, 그렇기는 커녕

Henry wanted the fortune for his wife and daughters. But if he invested his money carefully, he would have enough to provide for them. Unfortunately, Henry suddenly died, unable to complete his plan. At this time, all that was left for his wife and daughters was 10,000 pounds.

Shortly before his death, Henry begged his son John to take care of his stepmother and sisters.[1] John did not have strong feelings for them, but he promised he would make them comfortable. He was not a bad man, but he was selfish and cold-hearted. His wife Fanny was even more selfish and cold-hearted than him.

As soon as Henry was buried, Fanny came to Norland Park uninvited. She rudely informed Mrs. Dashwood and her daughters that Norland Park was now hers and that they were her guests.[2]

- **invest** 투자하다
- **provide for** ~에게 제공하다
- **unfortunately** 불행하게도
- **unable to** 부정사 ~할 수 없는
- **complete** 완성하다, 마치다
- **at this time** 이때
- **stepmother** 계모
- **comfortable** 편안한, 안락한
- **selfish** 이기적인
- **cold-hearted** 냉담한, 무정한
- **bury** 묻다, 매장하다
- **uninvited** 초대받지 않은
- **rudely** 무례하게
- **inform** 알리다, 통지하다
- **widowed** 미망인이 된, 홀아비가 된
- **offended** (마음에) 상처 입은
- **estate** 소유지, 사유지; 재산
- **immediately** 즉시
- **reconsider** 재고하다
- **possess** 지니다, 소유하다

CHAPTER ONE The Dashwoods

The recently widowed Mrs. Dashwood was terribly offended. She would have left the estate immediately if her eldest daughter had not begged her to reconsider.³

Elinor was the eldest daughter. She possessed great intelligence and common sense. She was only nineteen, but she frequently advised her mother on important matters.

- **intelligence** 지성, 총명; 지능
- **common sense** 상식
- **frequently** 자주
- **matter** 문제, 일

1 죽기 직전에 헨리는 아들 존에게 의붓어머니와 여동생들을 돌봐 달라고 부탁했다.
  → beg A to부정사: A에게 ~해달라고 간청하다
2 그녀는 무례하게도 대시우드 부인과 그녀의 딸들에게 노어랜드 파크는 이제 자신의 소유이며 그들은 자신의 손님이라고 통보했다.
3 맏딸이 다시 생각해 보라고 애원하지 않았다면 그녀는 곧바로 그 저택을 떠났을 것이다.
  → 가정법 과거완료 문장(과거 사실과 반대되는 가정을 한다)

Elinor had an excellent sense of self-control, which her mother and her younger sister Marianne lacked.[1]

Like Elinor, Marianne was generous, clever, and sensitive. But she had very strong emotions, which she was unable to hide. She was much like her mother.

The youngest sister Margaret was a sweet thirteen-year old who shared Marianne's emotional sensibility but none of her intelligence.

One day, John Dashwood reminded his wife of the promise he had made to his dying father and said he wanted to give each of his sisters 1,000 pounds.[2] However, Fanny disapproved of this gift.

- self-control 자제심, 극기, 자기관리
- lack 부족하다; 부족
- generous 관대한, 너그러운, 후한
- sensitive 민감한, 감수성이 예민한
- emotion 감정, 정서
- hide 숨기다 (hide-hid-hidden)
- share 나누다, 공유하다
- emotional 감정의, 감정적인
- sensibility 감각, 민감; 감수성
- remind A of B A에게 B를 상기시키다
- make a promise 약속하다
- disapprove of ~에 찬성하지 않다
- gift 선물
- related to ~와 관계가 있는, 친족의
- hardly 거의 ~않다
- argue 논하다, 언쟁하다

CHAPTER ONE The Dashwoods

"You'll be taking 3,000 pounds out of our son's future inheritance," she said. "And you're only related to them by half blood. They are hardly even your sisters."

"I must do something for them when they leave Norland for a new home. Perhaps I should give them 500 pounds each," replied John.

"That's too much," argued Fanny. "You're very generous, but I think they'll be able to live very comfortably on the 10,000 pounds your father left them."[3]

"That's true," replied John. "Why don't I just give my stepmother 100 pounds every year?"

✓ Check Up

본문의 내용과 맞으면 T, 틀리면 F를 쓰세요.

a. Fanny wanted to give John's sisters money, but John objected.

b. Fanny told John any money he gave away would be taken from their son's inheritance.

정답: a. F b. T

1 엘리너는 자제력이 아주 뛰어났지만, 그녀의 어머니와 동생 메리앤에게는 그것이 부족했다.
2 어느 날 존 대시우드는 아내에게 죽어가던 아버지에게 했던 약속을 상기시키면서, 여동생들에게 각각 1천 파운드씩을 주고 싶다고 말했다.
3 당신은 너무 너그러워요. 하지만 내 생각엔 그들은 아버님이 남겨 준 1만 파운드로 아주 편안하게 살 수 있을 것 같아요. → will be able to 부정사: ~할 수 있을 것이다

"Yes, but I don't think your father meant for you to give them any money at all," replied Fanny. "I think he wanted you to find them a small, comfortable house to live in, to help them move, and perhaps to send them an occasional basket of fish or meat.[1] They don't need a carriage or horses, and only one or two servants. It would be foolish to give them any more."

"I think you're absolutely right," said John. "Now I understand what my father meant."

He decided to offer the assistance his wife suggested.

Meanwhile, Henry's widow, Mrs. Dashwood, wanted to leave Norland as soon as possible. Mrs. Dashwood had come to strongly dislike her daughter-in-law. The only reason she stayed at Norland was because her eldest daughter Elinor had formed a strong relationship with Fanny's brother, Edward Ferrars.[2]

- **mean** 의미하다, 의도하다
  (mean-meant-meant)
- **occasional** 이따금씩의, 가끔의
- **carriage** 마차
- **servant** 하인, 하녀
- **foolish** 어리석은
- **absolutely** 절대적으로; 정말
- **offer** 제공하다
- **assistance** 원조, 도움
- **suggest** 제안하다
- **meanwhile** 한편, 그러는 사이
- **widow** 과부
- **come to**부정사 ~하게 되다
- **dislike** 싫어하다
- **form** 형성하다
- **relationship** 관계
- **leave behind** 남기다
- **depend on** ~에 달려 있다, ~에 의존하다
- **wishes** 〈복수형〉요청, 희망
- **care about** ~에 관심을 갖다, 마음 쓰다

CHAPTER ONE The Dashwoods

Edward's father had died and left behind a lot of money. But Edward was not sure if he would receive the large inheritance. It depended on his mother's wishes. But Mrs. Dashwood didn't care about his money. He and her daughter seemed to love each other.

1 아버님은 당신이 그들에게 작고 살기 편안한 집을 찾아 주고, 이사하는 걸 도와주고, 가끔 생선이나 고기 바구니를 보내 주길 바라신 것 같아요.
2 그녀가 노어랜드에 머무르는 유일한 이유는 맏딸 엘리너가 패니의 남동생인 에드워드 페라스와 돈독한 관계를 형성했기 때문이었다.

One Point

Mrs. Dashwood had come to strongly dislike her **daughter-in-law**. 대시우드 부인은 며느리를 몹시 싫어하게 되었다.

in-law: 인척 → 결혼으로 인해 생긴 친족 관계를 나타낸다.

ex. father-in-law 시아버지, 장인   mother-in-law 시어머니, 장모
     sister-in-law 시누이, 처형 등   brother-in-law 매형, 매부 등

Edward Ferrars was not handsome or especially gentlemanly. He was shy with a kind heart. His mother and sister wanted him to be a great man in society, but he was not ambitious.[1] All he wanted were the comforts and quietness of private life. His younger brother Robert had greater potential.

"Edward and Elinor will most likely be married in a few months," Mrs. Dashwood told Marianne. "Don't you approve of Edward?"

- **gentlemanly** 신사다운
- **shy** 수줍음 타는
- **ambitious** 야심적인
- **comfort** 편안, 안락
- **quietness** 고요, 안정
- **potential** 잠재력, 가능성
- **likely** 아마; ~할 것 같은
- **approve of** ~을 찬성하다
- **taste** 취향
- **opinion** 평판, 평가; 의견
- **depressed** 우울한, 낙담한
- **fear** 두려워하다; 두려움, 공포
- **doubt** 의심; 의심하다
- **describe** 설명하다, 묘사하다
- **respect** 존경; 존경하다
- **rather than** ~라기보다
- **be ashamed to**부정사 ~하는 것을 부끄럽게 여기다
- **express** 표현하다

Chapter One The Dashwoods

"He has no fire in his eyes. He doesn't seem to have any taste in books or music. Oh, how will I ever find a man I can truly love?" worried Marianne.

"You're only seventeen," laughed Mrs. Dashwood. "It's too early for you to lose hope."

Elinor had a very high opinion of Edward, but she was not sure she wanted to marry him.[2] He often seemed strangely depressed. And she feared he thought of her only as a friend.

But Marianne and her mother had no such doubts. They believed love could solve all problems. Marianne thought it was terrible when her sister described her feelings for Edward as respect rather than love.[3] "Like him? Respect him? Oh, cold-hearted Elinor! Why are you ashamed to express your love?"

Check Up

What is the best way to describe Marianne's opinion of Edward?

- a He is a bold, courageous man.
- b He is full of life.
- c He is a lifeless bore.

정답: c

1 그의 어머니와 누나는 그가 사회에서 큰 인물이 되길 바랐다. 그러나 그는 야망이 없었다.
2 엘리너는 에드워드를 아주 좋게 생각하고 있었지만, 그와 결혼하고 싶은지 확신이 서지 않았다.
   → have a high opinion of: ~을 좋게 생각하다
3 언니가 에드워드에 대한 감정을 사랑보다는 존경으로 설명했을 때, 메리앤은 그것을 끔찍하다고 생각했다.

19

Fanny also noticed the attachment between her brother and Elinor. It made her uneasy. She told her mother-in-law, Mrs. Dashwood, "My mother and I expect Edward to marry well. It would be dangerous for Elinor to try and trap Edward into marrying her."[1]

This made Mrs. Dashwood furious. She decided that she and her daughters must leave Norland immediately.

On that same day, she received a letter from a distant relative of hers named Sir John Middleton.[2] He wrote to offer her a small house near his estate in Devonshire. His letter was so welcoming that Mrs. Dashwood wrote a letter to accept his offer right away.[3]

Mrs. Dashwood was happy to inform John and Fanny that she and her daughters would be leaving Norland to live in Devonshire.

- notice 알아차리다, 눈치채다
- attachment 애착, 사모, 애정
- uneasy 불안한, 염려스러운
- dangerous 위험한
- trap 함정에 빠뜨리다, 덫으로 잡다
- furious 분노한
- distant 먼
- relative 친척
- welcoming 환영하는
- accept 받아들이다
- offer 제안, 제의
- right away 곧장, 당장
- cottage 시골 집, 작은 집
- invitation 초대
- affectionate 애정 어린, 자애로운
- discourage 낙담시키다, 단념시키다

CHAPTER ONE The Dashwoods

  Edward Ferrars, who was in the room at that time, turned quickly toward her and said, "Devonshire! That's so far from here."
  "Yes," she replied. "We'll be in Barton, four miles from the city of Exeter. It's only a cottage, but I hope you'll all visit us there."
  Mrs. Dashwood's invitation to Edward was very affectionate, as she did not want to discourage his relationship with her Elinor.⁴

1 엘리너가 에드워드를 자신과 결혼하도록 옭아매려는 것은 위험한 짓이 될 거예요.
2 바로 그날, 그녀는 존 미들턴 경이라는 먼 친척에게서 편지 한 통을 받았다.
3 그의 편지가 너무나 환영하는 어조여서 대시우드 부인은 곧 그의 제안을 수락하는 편지를 썼다.
   → so ... that~: 너무 …해서 ~하다
4 에드워드에 대한 대시우드 부인의 초대는 아주 다정했다. 그와 엘리너의 사이를 방해하고 싶지 않았기 때문이었다. → as: 〈접속사〉 ~이므로, ~하면서

Barton Cottage was furnished and ready for them to move in at once. Elinor recommended her mother to sell their carriage and horses and to have only three servants.[1]

On his deathbed, Henry had told his wife of John's promise to care for her and her daughters. But as they left, it looked as if John would not offer any assistance. In fact, John was heard to complain about money and how he was in need of more himself.[2]

The sisters cried when they said goodbye to their beloved home Norland. "Dear, dear Norland," cried Marianne while walking alone in the park on their last evening, "I will miss you for the rest of my life!"

During their journey to Devonshire, the sisters were too miserable to enjoy the trip. But as they entered Barton Valley, they became more cheerful. They took notice of the countryside where they would live. Barton Valley consisted of thick woods, clear streams, and expansive open fields.

- **furnished** 가구 딸린
- **at once** 즉시
- **on one's deathbed** 임종에
- **care for** ~을 돌보다; ~을 좋아하다
- **in fact** 사실
- **complain** 불평하다
- **in need of** ~을 필요로 하고
- **beloved** 소중한, 가장 사랑하는
- **miss** 그리워하다
- **journey** 여행, 여정
- **miserable** 비참한, 불행한
- **trip** 여행
- **cheerful** 쾌활한, 명랑한
- **take notice of** ~을 알아차리다
- **countryside** 시골
- **valley** 계곡
- **consist of** ~으로 구성되다
- **expansive** 널찍한, 광대한

CHAPTER ONE The Dashwoods

  Barton Cottage was in excellent condition. There were two sitting rooms, four bedrooms, and two servants' quarters. It was much smaller and poorer than Norland, but the girls made their best efforts to be happy.³

- **condition** 상태; 조건
- **sitting room** 거실
- **servants' quarters** 하인들의 방
- **make one's effort** 노력하다, 애쓰다

1 엘리너는 어머니에게 마차와 말을 팔고, 하인들을 세 명만 두자고 권했다.
→ recommend A to부정사: A가 ~하도록 권하다
2 실제로 그들은 존이 돈에 대해 불평하고 자신도 어떻게 더 많은 돈이 필요한지 말하는 소리를 들었다. → They heard John complain...의 수동태. (hear, see와 같은 지각동사를 수동태로 바꿀 때, 보어로 쓰인 원형동사는 to부정사의 형태로 바뀐다.)
3 그곳은 노어랜드보다 훨씬 더 작고 초라했지만, 딸들은 행복해지려고 최선의 노력을 다했다.

    The next day, the Dashwoods received a visit from their landlord, Sir John Middleton. He was a good-looking, cheerful man. He welcomed them and offered them anything from his house and garden. His house was called Barton Park. He tried to make them as comfortable as possible and said he hoped they would come and visit his family soon.¹

- **landlord** 집주인, 지주
- **good-looking** 잘생긴
- **cheerful** 쾌활한, 명랑한
- **make + A + 형용사** A를 ~하게 하다
- **stately** 위풍당당한, 우람한
- **in comfort** 편안하게
- **shooting** 사격
- **spoil** 망치다, 버릇없게 만들다
- **hospitable** 손님 접대를 잘하는, 친절한
- **noisy** 소란스러운, 떠들썩한
- **be famous for** ~으로 유명하다
- **apologize** 사과하다
- **male** 남자; 남자의
- **colonel** 대령

1 그는 그들을 최대한 편안하게 해주려고 했고, 곧 자기 가족을 방문해 주길 바란다고 말했다.
  → as ... as possible: 가능한 한 ~하게

CHAPTER ONE The Dashwoods

They went to Barton Park for dinner the next day. The estate was half a mile from their cottage. It was a large, stately house, where the Middletons lived in great comfort. Sir John was a sportsman who enjoyed shooting, while Lady Middleton was a mother who spoiled her children.[2]

Sir John was a hospitable man and always had relatives or friends staying at their house. The noisier and more full of young people, the better. Barton Park was famous for its summer parties and winter dances.

On the night the Dashwoods arrived for dinner, Sir John apologized that there were no handsome young male guests to meet them. The only guests were Colonel Brandon, a friend staying at the house, and Sir John's mother-in-law, Mrs. Jennings.[3]

---

2 존 경은 사격을 즐기는 스포츠맨이었다. 반면에 미들턴 부인은 아이들을 버릇없게 키우는 엄마였다.

3 손님이라고는 그 집에 머물고 있던 친구 브랜든 대령과 존 경의 장모인 제닝스 부인뿐이었다.

> **One Point**
>
> **The noisier and more full** of young people, **the better.**
> 시끌벅적하고 젊은 사람들이 많을수록 더 좋았다.
>
> the + 비교급, the + 비교급: ~하면 할수록 더 ~하다
>
> *ex.* **The more** you get, **the more** you want. 많이 가질수록 더 많이 원하게 되지.

Mrs. Jennings was a fat, cheerful old lady who talked and laughed a great deal. Colonel Brandon was silent, serious, and handsome. Elinor and Marianne noticed he was an old bachelor, on the wrong side of thirty-five.

After dinner, Marianne sang and played the piano. While Sir John was loud in showing his delight for the music, Colonel Brandon was quiet and listened

- **a great deal** 많이, 굉장히
- **serious** 진지한, 심각한
- **bachelor** 독신 남자, 총각
- **on the wrong side of** 나이가 ~의 고개를 넘은
- **delight** 기쁨
- **attentively** 주의 깊게, 세심하게
- **comfortable** (수입이) 충분한
- **respectably** 훌륭하게, 흉하지 않게
- **marry off** 시집[장가] 보내다
- **match** 〈고어〉 결혼시키다
- **one another** 서로
- **be in love with** ~를 사랑하다
- **marriage** 결혼
- **cruel** 잔인한
- **remark** (감상·소견 등으로) 말하다
- **ancient** 〈고어〉 노령의

Chapter One The Dashwoods

attentively.[1]

Mrs. Jennings was a widow with a comfortable fortune. She had seen both of her daughters marry respectably and now had nothing better to do than to try and marry off the rest of the world.[2] She spent a lot of time matching young people with one another and planning their weddings.

Mrs. Jennings informed the Middletons and the Dashwoods that Colonel Brandon was very much in love with Marianne.[3] She felt it would be an excellent marriage because he was rich and she was beautiful.

"How cruel for Mrs. Jennings to say that," remarked Marianne. "Colonel Brandon is old enough to be my father!"

"But I cannot think of a man five years younger than me being as ancient as you say,"[4] replied Mrs. Dashwood.

"But didn't you hear him complaining of his bad back?" said Marianne.

---

1 존 경이 그 음악을 듣는 즐거움을 요란하게 표현하는 한편, 브랜든 대령은 조용히 음악에 귀를 기울였다.

2 그녀는 두 딸들을 모두 훌륭하게 결혼시켰으며, 지금은 다른 사람들을 결혼시키는 일보다 더 좋은 일이 없었다. → 부정어 + 비교급 표현(better) + than: ~ 보다 ~한 것은 없다(최상급 의미)

3 제닝스 부인은 미들턴 부부와 대시우드 가족에게 브랜든 대령이 메리앤에게 푹 빠져 있다고 얘기했다.

4 하지만 나보다 다섯 살 어린 남자를 네 말처럼 그렇게 늙었다고 생각할 수는 없구나.

"My child," laughed Mrs. Dashwood. "It must seem amazing to you that I've lived to the great age of forty. Thirty-five has nothing to do with marriage. For example, a woman of twenty-seven could easily consider marrying a man of Colonel Brandon's age."[1]

"But a woman of twenty-seven could consider becoming his nurse if her house is uncomfortable and her fortune is small.[2] It would be a marriage of convenience."

"It seems a little hard," remarked Elinor, "to accuse Colonel Brandon of needing nursing just because he complained of a pain in his shoulder on a cold, wet day."[3]

But Marianne's view about the colonel did not change. After Elinor left the room, Marianne said, "Mother, I'm concerned about Edward Ferrars. I'm worried he is sick. We've been here two weeks, and he hasn't come to see Elinor."

- **amazing** 놀라운
- **have nothing to do with** ~와 전혀 관계없다
- **consider + 동명사** ~을 고려하다
- **uncomfortable** 불편한
- **convenience** 편리, 편의
- **nursing** 병구완, 간호
- **pain** 고통
- **view** 의견, 견해, 관점
- **be concerned about** ~을 걱정하다
- **patient** 인내심 있는, 끈기 있는
- **exclaim** 외치다
- **restless** 침착하지 못한, 불안한

1 예를 들어서, 스물일곱 살 난 여자는 브랜든 대령 나이의 남자와 결혼하는 걸 쉽게 생각해 볼 수 있단다.

CHAPTER ONE The Dashwoods

"Be patient, my daughter," Mrs. Dashwood answered. "I don't expect him so soon. And Elinor doesn't, either."

"It is so strange," exclaimed Marianne, "How cold and calm their last goodbyes were! Elinor is so self-controlled, never sad or restless or miserable. I don't understand her."

✓ Check Up

Why doesn't Marianne want to marry Colonel Brandon?

a. She doesn't think he is handsome.
b. She is afraid of becoming his nurse.
c. She loves someone else.

q : 믕留

2 하지만 자기 집이 불편하고 재산이 별로 없는 스물일곱 살의 여자라면 그의 간병인이 되는 걸 생각해 볼 수 있겠지요.

3 "브랜든 대령이 춥고 습한 날에 어깨가 아프다고 투덜댔다고 해서 간호가 필요하다고 비난하는 건 좀 심한 것 같구나."라고 엘리너는 말했다. → accuse A of...: A를 ~ 때문에 비난하다

Chapter One Comprehension Quiz

A 등장인물과 각각에 대한 설명을 연결하세요.

1. Marianne Dashwood • • ⓐ was selfish and cold-hearted.
2. Elinor Dashwood • • ⓑ had no fire in his eyes.
3. John Dashwood • • ⓒ possessed great intelligence and common sense.
4. Edward Ferrars • • ⓓ was an old bachelor on the wrong side of 35.
5. Colonel Brandon • • ⓔ had strong emotions she was unable to hide.

B 보기에서 알맞은 단어를 찾아 빈칸을 완성하세요.

> inheritance   widowed   generations   fond   ambitious

1. The Dashwoods lived in Sussex for many _____.
2. John received a large _____ from his mother.
3. Old Mr. Dashwood had been especially _____ of John's son.
4. The recently _____ Mrs. Dashwood was terribly offended by her daughter-in-law.
5. Edward's mother wanted him to be a great man, but he was not _____.

Answers

A ❶ⓔ ❷ⓒ ❸ⓐ ❹ⓑ ❺ⓓ
B ❶ generations ❷ inheritance ❸ fond ❹ widowed ❺ ambitious

C 다음 질문에 알맞은 답을 고르세요.

❶ What did Fanny warn Mrs. Dashwood would be dangerous?

(a) That Mrs. Dashwood and her daughters continued to live in Norland.

(b) That John Dashwood gave his stepmother and sisters 1,000 pounds each.

(c) That Mrs. Dashwood's eldest daughter tried to "catch" her brother, Edward.

❷ How did Colonel Brandon feel about Marianne?

(a) He fell in love with her.

(b) He wanted to marry her because she was rich.

(c) He strongly disliked her because she didn't like him.

D 본문 내용과 일치하면 T, 일치하지 않으면 F에 표시하세요.

❶ Henry Dashwood made his son promise to find husbands for Marianne and Elinor. [T] [F]

❷ Mrs. Dashwood had a lot of money from a business she owned. [T] [F]

❸ Marianne thought Colonel Brandon was old enough to be her father. [T] [F]

❹ Mrs. Jennings was a fat, cheerful old lady who talked a lot. [T] [F]

Answers

C ❶ (c) ❷ (a)
D ❶ F ❷ F ❸ T ❹ T

Chapter Two

A Handsome Stranger

RESPONSE NOTES

The Dashwood sisters were finally beginning to feel comfortable at Barton Cottage. They enjoyed taking walks and practicing music for the first time since their father died. They didn't have many visitors, and there were few other houses within walking distance. The only nearby place was a large mansion, Allenham, a mile away. They heard the owner was an old lady named Mrs. Smith, who wasn't well enough to have visitors.

One day, despite Elinor's warning of rain, Marianne and Margaret walked up a hill behind the cottage.[1] At the top, they were delighted at the blue sky and white clouds. They laughed as the wind blew their hair, and

- **stranger** 낯선 사람, 이방인
- **take a walk** 산책하다
- **practice** 연습하다; 연습
- **for the first time** 처음으로
- **visitor** 방문객
- **within walking distance**
  걸어다닐 만한 거리에
- **mansion** 대저택
- **owner** 소유주, 주인
- **despite** ~에도 불구하고
- **warning** 경고
- **hill** 언덕, 작은 산
- **be delighted at** ~에 기뻐하다
- **blow** (바람이) 불다
  (blow–blew–blown)
- **roll in** 많이 모이다

Marianne cried, "This is the greatest place in the world!"

But within minutes, dark clouds rolled in and rain poured down. The girls ran down the hill as fast as they could. Margaret was ahead and didn't see Marianne slip and fall.[2]

At this time, a gentleman out hunting saw her accident and ran to help her.[3] Her ankle was twisted, so she couldn't stand. The gentleman carried her to Barton Cottage. There he placed her on the sofa.

- **pour down** 쏟아져 내리다
- **slip** 미끄러지다 (slip-slipped-slipped)
- **fall** 넘어지다 (fall-fell-fallen)
- **accident** 사고
- **ankle** 발목
- **twist** 삐다

1 어느 날, 비가 올 거라는 엘리너의 경고에도 불구하고 메리앤과 마가렛은 집 뒤에 있는 언덕으로 올라갔다.
2 마가렛은 앞서가서 메리앤이 미끄러져 넘어지는 것을 보지 못했다.
3 이때 사냥을 나온 한 신사가 그녀의 사고를 목격하고 그녀를 도와주러 달려왔다.

Elinor and her mother were shocked when the stranger entered the house carrying Marianne. They both noticed his handsome appearance. He apologized for a rude entrance, and Mrs. Dashwood expressed her gratitude for his helping Marianne.[1]

She asked his name. It was Willoughby. He presently lived at Allenham. He said he would visit them tomorrow to check on Marianne. Mrs. Dashwood said he would always be welcome at the cottage. Then he left into the pouring rain.

- **appearance** 외모
- **rude** 무례한
- **entrance** 들어감, 등장, 입장
- **gratitude** 감사
- **check on** ~을 확인하다
- **be welcome at** ~에서 환영받다
- **admire** 칭찬하다, 감탄하다
- **barely** 거의 ~않다
- **due to** ~ 때문에
- **imagine** 상상하다
- **hero** 영웅
- **intensely** 강렬하게
- **injured** 다친
- **sort** 종류
- **shoot** 사격하다 (shoot-shot-shot)
- **horseman** 기수, 승마술에 능한 사람

Chapter Two A Handsome Stranger

Elinor and her mother admired the man, but Marianne had barely seen him due to her condition. She imagined her hero so intensely that she didn't feel the pain of her injured ankle.[2]

When Sir John visited them, he was asked if he knew Willoughby of Allenham.

"Willoughby! Of course!" he exclaimed. "He visits us every year. I shall invite him to dinner on Thursday."

"What sort of man is he?" asked Mrs. Dashwood.

"He's a good man. He shoots well, and he's the best horseman in England."

They demanded more personal details. Sir John told them Willoughby had no house in Devonshire. He stayed with his relative, Mrs. Smith, at Allenham when he visited. He also said Willoughby would probably inherit the old lady's fortune.[3]

- **demand** (다그쳐) 묻다, 요구하다
- **personal** 개인적인
- **detail** 세부사항, 사소한 일
- **inherit** 물려받다

1 그는 무례하게 들어온 것을 사과했고, 대시우드 부인은 메리앤을 도와준 것에 감사를 표했다.
2 그녀는 자신을 구해 준 영웅을 너무 열심히 상상하는 바람에 다친 발목의 통증도 느끼지 못했다.
3 그는 아마도 윌로비가 그 노부인의 재산을 물려받게 될 거라는 얘기도 했다.

Marianne's rescuer visited the next morning. Willoughby became very comfortable with the Dashwoods. The fire in Marianne's eyes seemed to draw him in. They shared many interests and spoke without shyness. By the end of his visit, they talked like old friends.

Willoughby visited Barton Cottage every day afterward. At first, he pretended to worry about Marianne's health. But he soon stopped pretending and openly enjoyed Marianne's company.[1] They read and sang and talked together.

- **rescuer** 구해 준 사람, 구조대원
- **draw in** 빨아들이다 (draw-drew-drawn)
- **interest** 흥미, 관심사
- **shyness** 수줍음
- **at first** 처음에
- **pretend to부정사** ~하는 체하다
- **company** 교제, 동석, 같이 있음
- **possess** 지니다, 가지다
- **congratulate oneself on** ~을 기뻐하다
- **pity** 동정하다; 동정
- **compete for** ~을 놓고 경쟁하다
- **affection** 애정
- **bother** 괴롭히다, 성가시게 하다
- **take pleasure in** ~을 즐기다
- **laugh at** ~을 비웃다
- **companion** 친구, 벗

CHAPTER TWO A Handsome Stranger

  Marianne thought Willoughby possessed all of the sensibility and taste Edward Ferrars lacked.[2] Soon after, she came to believe that he was perfect for her. Willoughby seemed to feel the same way.
Mrs. Dashwood secretly congratulated herself on a great future son-in-law.

  Meanwhile, Elinor began to pity Colonel Brandon, who couldn't compete for Marianne's affection with a young man of twenty-five.[3] It bothered Elinor that Marianne and Willoughby took pleasure in laughing at Brandon.

  Elinor was not as happy. She found no companion to take her mind away from missing her friends in Sussex.[4] The only person she could talk to was Colonel Brandon, who liked talking about Marianne.

✓ Check Up
본문의 내용과 맞으면 T, 틀리면 F를 쓰세요.

  a Marianne and Willoughby were mean to Colonel Brandon. _____
  b Elinor fell in love with Colonel Brandon. _____

정답: a. T b. F

1 그러나 그는 곧 가식을 거두었고 메리앤과 함께 있는 것을 터놓고 즐겼다.
2 메리앤은 윌로비가 에드워드 페라스에게 없는 감각과 취향을 모두 지녔다고 생각했다.
3 한편 엘리너는 메리앤의 애정을 두고 25세의 젊은 남자와 경쟁이 안 되는 브랜든 대령이 가엾기 시작했다.
4 그녀는 자기 마음을 서섹스에 있는 친구들에 대한 그리움에서 벗어나게 해줄 만한 벗을 찾지 못했다. → take one's mind away from: ~에서 관심을 돌리다

"I see your sister is not fond of second attachments," said Brandon.

"All of her opinions are romantic. She believes we only fall in love once in our lives.¹ I hope she'll become more sensible."

"That may happen," continued Brandon. "I knew a young lady once who . . ."

He suddenly stopped, thinking he had said too much. Elinor felt sure that his story was of disappointed love.² Her pity for him grew.

- **attachment** 애착, 애정
- **romantic** 공상적인, 낭만적인
- **fall in love** 사랑에 빠지다
- **sensible** 분별 있는, (행동이) 현명한
- **continue** 계속 말하다
- **disappointed** 실현되지 못한; 실망한
- **lock** (머리의) 타래, 한 뭉치
- **cut off** 자르다
- **guess** 짐작하다, 추측하다
- **secretly** 몰래, 비밀리에
- **be engaged** 약혼하다
- **pack** (짐을) 꾸리다

1 그애는 우리가 평생에 단 한 번만 사랑에 빠진다고 믿고 있어요.
2 엘리너는 그의 이야기가 못 이룬 사랑에 관한 것이라고 확신했다.

Chapter Two A Handsome Stranger

The next day, Margaret said to Elinor, "I have a secret! Last night I saw Willoughby begging Marianne for a lock of hair.³ She cut it off and gave it to him. He kissed it and put it in his pocket."

Elinor guessed they were now secretly engaged. She was surprised they had not told anybody.

The following day, Sir John planned a trip for everyone to a house called Whitwell, owned by Colonel Brandon's brother-in-law.⁴ A large group of them packed picnic lunches and prepared to leave.

✓ Check Up

At the time when the story takes place, what does it mean when a young lady gives a man a lock of her hair?

- a It's a parting gift meaning "farewell."
- b It usually means that the woman agrees to marry the man.
- c It means that the woman is wishing the man good luck on his journey.

3 어젯밤에 윌로비가 메리앤 언니에게 머리 타래를 달라고 간청하고 있는 걸 봤어.

4 다음날 존 경은 브랜든 대령의 매형이 소유한 위트웰이라는 저택으로 모두를 데리고 소풍 갈 계획을 세웠다.

But as the people ate breakfast, a letter came for the colonel. He looked at it and explained to the group that he had urgent business.[1] Their excursion was canceled. They tried to convince him to put off his business, but he wouldn't.

After Brandon left, they decided to ride around the countryside. Marianne got into Willoughby's carriage, and the two were not seen for the rest of the day.[2]

The next morning, Mrs. Dashwood went to visit Lady Middleton with two of her daughters. Marianne stayed home since Willoughby would be coming for a visit.

When Mrs. Dashwood and her daughters returned home, they were not surprised to find Willoughby's carriage in front of the cottage.[3] They went inside, and Marianne came rushing out of the sitting room, sobbing uncontrollably.[4] Then she ran upstairs.

- **explain** 설명하다
- **urgent** 긴급한
- **excursion** 소풍, 짧은 여행
- **cancel** 취소하다
- **convince A to부정사** A가 ~하도록 설득하다
- **put off** 연기하다
- **ride** (탈것을) 타다
- **rush out of** ~에서 뛰쳐나오다
- **sob** 흐느껴 울다
- **uncontrollably** 걷잡을 수 없이
- **upstairs** 위층에
- **on business** 볼일로

1 그는 편지를 보고는 사람들에게 급한 용무가 생겼다고 설명했다.
2 메리앤은 윌로비의 마차에 올라탔고, 그날 내내 두 사람은 보이지 않았다.

CHAPTER TWO A Handsome Stranger

Mrs. Dashwood asked Willoughby, "Is she ill?"

"No," he answered, trying to look cheerful, "but I have bad news. My cousin, Mrs. Smith, has sent me to London on business. I won't be able to visit any more. I'm poor and depend on Mrs. Smith. I must do as she asks. I've come to say goodbye."

Check Up
본문의 단어를 사용하여 다음 빈칸을 채우세요.

The baseball game was _____ due to rain.

정답: canceled

3 대시우드 부인과 딸들이 집에 돌아왔을 때, 그들은 윌로비의 마차가 집 앞에 서 있는 것을 보고 놀라지 않았다.
4 그들이 안으로 들어가자, 메리앤이 걷잡을 수 없이 흐느껴 울며 거실 밖으로 뛰쳐나왔다.

"Well, I hope you won't be gone long," said Mrs. Dashwood.

"I'm afraid I won't be back this year," he replied, his face reddening.

Mrs. Dashwood looked at Elinor with surprise. Elinor was just shocked. Willoughby said goodbye and rushed out to his carriage. Then he was gone. Elinor was worried about her sister, whose emotional nature would encourage her misery.¹

Later that day, Mrs. Dashwood told Elinor that Mrs. Smith probably sent Willoughby away because she disapproved of his engagement to Marianne.

- redden 얼굴을 붉히다
- nature 성질, 천성
- encourage 장려하다, 북돋다
- misery 비참, 괴로움
- engagement 약혼
- question 질문하다; 질문
- scold 꾸짖다, 책망하다
- in the past 과거에
- prefer to부정사 ~하는 것을 더 좋아하다
- intention 의도
- explanation 설명
- behavior 행동
- upset 당황한, 화난
- mention 언급하다
- connected with ~와 관련된
- burst into tears 울음을 터뜨리다

CHAPTER TWO A Handsome Stranger

"He'll return to Barton as soon as he can."

"Why would they hide their engagement from us?" questioned Elinor.

"Dear child," scolded her mother, "it is strange for you to accuse Willoughby and Marianne of hiding their feelings.² You have accused them of showing their feelings too openly in the past! Do you prefer to believe he has bad intentions toward Marianne, rather than good?"³

"I hope not," cried Elinor. "I hope there is a simple explanation for his strange behavior this morning."

Nobody saw Marianne until dinner. At the table, she was so upset she couldn't eat or look at anyone. And when someone mentioned anything connected with Willoughby, she burst into tears.

Check Up

본문의 내용과 맞으면 T, 틀리면 F를 쓰세요.

a. Elinor's mother criticized Elinor for complaining that Marianne and Willoughby hid their feelings. _____

b. Willoughby will only be in London for a short while. _____

정답: a.T b.F

1 엘리너는 동생이 걱정스러웠다. 그녀의 감정적인 성격이 괴로움을 부추길 것이다.
2 네가 윌로비와 메리앤이 감정을 숨겼다고 비난하다니 이상하구나.
3 너는 그가 메리앤에게 좋은 의도가 아니라 나쁜 의도를 갖고 있다고 믿고 싶은 거니?

As the days passed, Marianne got worse and worse. A week later, her sisters persuaded her to go for a walk. While walking, they saw a gentleman riding toward them.

"It's Willoughby! I know it is!" cried Marianne. She ran toward the carriage.

It was not Willoughby but Edward Ferrars, the only person in the world she could forgive for not being Willoughby.[1] She stopped and smiled, holding back her tears. As Edward and Elinor exchanged greetings, Marianne saw their polite yet distant behavior.[2]

When they returned to the cottage, Mrs. Dashwood greeted Edward warmly.

"So, Edward, what are your mother's plans for you these days? Does she still want you to be a politician?"

"No," replied Edward, "She knows I could never do that. We'll never agree on a profession for me. I've always wanted to work for the Church. But that's too ordinary for my family."

- **persuade A to부정사** A를 ~하도록 설득하다
- **go for a walk** 산책하러 가다
- **forgive** 용서하다
- **hold back** (눈물을) 억제하다 (hold-held-held)
- **exchange** 교환하다
- **greeting** 인사 v. greet
- **distant** 소원한, 서먹서먹한; 먼
- **these days** 요즘에
- **politician** 정치가
- **agree on** 합의에 도달하다
- **profession** 직업

CHAPTER TWO A Handsome Stranger

"I know you're not ambitious, Edward," said Mrs. Dashwood.

"No. I wish to be like everybody else, to be perfectly happy in my own way.³ Greatness won't make me happy."

"You're right!" cried Marianne. "What does wealth or greatness have to do with happiness?"

"Greatness has very little to do with it," said Elinor, "but wealth has much to do with it."

☐ **ordinary** 평범한
☐ **greatness** 위대함, 저명, 탁월
☐ **wealth** 부, 재산
☐ **have to do with** ~와 관계가 있다

1 그 사람은 윌로비가 아니라 에드워드 페라스였다. 메리앤이 윌로비가 아닌 것을 용서할 수 있는 세상에서 유일한 사람이었다. → not A but B: A가 아니라 B인
2 에드워드와 엘리너가 인사를 나눌 때, 메리앤은 두 사람의 정중하지만 서먹한 행동을 목격했다.
3 저는 다른 사람들처럼 되고 싶어요. 제 방식대로 완벽하게 행복해지고 싶습니다.

"Elinor!" cried Marianne, "Money only gives happiness where there is nothing else to give it.¹ Beyond answering our basic needs, it's of no use at all."

"How much do you need for your basic needs?" asked Elinor.

"Two thousand per year," said Marianne. "No more than that."

Elinor laughed, "Two thousand! One thousand a year would be wealthy to me."

"A family cannot live on less than two thousand per year," said Marianne. "It takes that much to have enough servants, plus a carriage and horses for riding."²

Elinor smiled at her sister's description of her future life with Willoughby.

- **beyond** ~이상으로, ~을 넘어서
- **basic** 기본적인
- **needs** 〈복수형〉 욕구, 필요한 것
- **of no use** 소용없는(= useless)
- **wealthy** 부유한, 풍부한
- **live on** ~으로 살다
- **less than** ~미만
- **plus** 게다가, ~이외에
- **description** 설명, 묘사
- **usual** 보통의, 평상시의
- **politeness** 정중함, 공손함
- **alarmed** 불안해하는, 깜짝 놀란
- **coldness** 냉담, 냉정
- **clearly** 명백히
- **doubt** 의심하다
- **confused** 혼란스러운
- **blush** 얼굴을 붉히다
- **light** 밝은, 옅은

CHAPTER TWO A Handsome Stranger

During Edward's visit, Elinor showed her usual politeness and interest. But she was alarmed by his coldness toward her. He was clearly unhappy, and she doubted whether he still loved her. She could see he was confused.

The next day, while having tea, Marianne noticed a ring on Edward's finger.[3]

"I've never seen that before, Edward. Is that your sister's hair in the ring?"

Edward blushed deeply and, looking quickly at Elinor, answered, "Yes, it's Fanny's hair. It looks lighter than it really is."

Elinor was sure that he had taken some of her hair without her knowing.[4]

Check Up

How does Marianne imagine her life with Willoughby?

a In a huge mansion with many servants
b In a small cottage in the countryside with no servants
c anywhere with a few servants, horses, and a carriage

정답: ɔ

1 돈이란 행복을 줄 만한 것이 다른 아무것도 없을 때에만 행복을 주는 거야.
2 하인들을 충분히 두고, 탈 마차와 말을 두려면 그만큼 든다고.
 → take + 돈/시간: (돈/시간이) 들다
3 다음날 차를 마시는 동안 메리앤은 에드워드의 손가락에 반지가 끼워져 있는 것을 발견했다.
4 엘리너는 그가 그녀 모르게 자기 머리카락을 가져갔다고 확신했다.

Understanding the Story

〈센스 앤 센서빌리티〉는 이성과 감성의 극명한 대조를 보여주는 작품입니다. 작가 제인 오스틴은 이 작품을 통해 무슨 메시지를 전하고 싶었던 걸까요?

Reason vs. Emotion
이성 vs. 감성

The very title of "Sense and Sensibility" refers to the main theme of contrasting styles found not only in the book but also in society at the time the novel was written. The two main characters, Elinor and Marianne, symbolize these two contrasts. Each woman behaves toward her respective love very differently. On one hand, Elinor merely expresses "concern" for her love, Edward Ferrars, while hiding her true feelings. On the other hand, Marianne shamelessly and passionately expresses her infatuation with John Willoughby.

These contrasting styles reflect the difference between "sense" and "sensibility". "Sense," of course, refers to "common sense": doing things in a practical and rational manner. "Sensibility", in its most common definition,

---

refer to ~을 나타내다 **contrast** 대조하다; 대조, 정반대의 것 **respective** 각각의 **concern** 배려, 관심 **infatuation** 심취, 열중 **reflect** 반영하다 **rational** 이성적인 **manner** 방식 **Classicism** 고전주의 **rigid** (생각 등이) 딱딱한 **acknowledge** 인정하다 **contain** 담고 있다, 포함하다 **element** 요소

'센스 앤 센서빌리티'라는 바로 이 제목은 이 책뿐만 아니라 이 소설이 쓰여진 시대의 사회에서 엿볼 수 있는 대조적 유형의 주제를 나타냅니다. 엘리너와 메리앤, 이 두 주인공은 정반대의 것을 상징하고 있습니다. 이 여인들은 각각 자신들의 사랑에 아주 다르게 행동하죠. 한편에서 엘리너는 자신의 진짜 감정을 숨긴 채 사랑하는 에드워드 페라스에게 '관심'을 표현할 뿐입니다. 반면에 메리앤은 부끄럼 없이 열정적으로 존 윌로비에게 빠져 있음을 드러냅니다.

refers to being able to feel or respond emotionally to something.
In portraying these opposite types of behavior, Austen may have been influenced by the social changes of the time. The cultural movement known as Classicism, closely associated with the Enlightenment, was coming to an end. Elinor represented this style of thinking and behavior. Romanticism was on the rise, and this movement is well represented in the actions of Marianne. However, Austen did not intend merely contrast to the differences between these two styles in rigid characters. Elinor is also passionate, and Marianne becomes more rational at the end of the story. Perhaps Austen wanted the readers to ponder the best and worst qualities of each, while acknowledging that we all contain elements of each.

이 대비되는 유형은 '지각(sense)'과 '감성(sensibility)' 간의 차이를 반영합니다. '지각'은 물론 실용적이고 이성적인 방식으로 일을 처리하는 '상식'을 나타냅니다. '감성'은 가장 흔한 정의로 뭔가에 감정적으로 느끼고 반응할 수 있는 것을 말합니다.
이 정반대의 행동 유형을 묘사하는 데 오스틴은 그 시대의 사회적 변화에 영향을 받았을지도 모르겠습니다. 계몽운동과 긴밀히 연관된 고전주의로 알려진 문화적인 움직임은 막을 내리고 있었습니다. 엘리너가 이런 유형의 사고와 행동을 대표했죠. 낭만주의가 상승세를 타고 있었고, 이런 움직임은 메리앤의 행동에서 잘 보여지고 있습니다. 하지만 오스틴은 단순히 경직된 등장인물로 이 두 유형의 차이를 대비하려고 의도하지는 않았습니다. 엘리너 역시 열정적이고, 메리앤은 이야기 막바지에서는 보다 이성적이 됩니다. 아마도 오스틴은 독자들이 우리 모두 이 각각의 요소를 가지고 있다는 것을 인정하는 한편, 각각의 가장 좋은 그리고 가장 나쁜 특징을 생각해 보길 원한 것이 아닐까 싶습니다.

CHAPTER THREE

Secrets

RESPONSE NOTES

Sir John soon had more visitors at Barton Park. He had recently met two young ladies with the family name Steele, who were his distant cousins.¹ He had invited them to visit, and they had accepted immediately.

The Dashwood sisters came to Barton Park to meet Sir John's new guests. They found the Steele sisters polite and elegant. The elder sister Anne looked very plain, but the younger sister Lucy was a beautiful twenty-three-year-old lady.²

"Miss Dashwood," asked the elder Miss Steele, "do you like Devonshire? You must've been sorry to leave beautiful Norland."

- □ **recently** 최근에
- □ **cousin** 사촌
- □ **elegant** 우아한
- □ **plain** 아름답지 않은; 평이한, 단조로운
- □ **sorry** 섭섭한, 유감스러운
- □ **lovely** 멋진, 즐거운; 사랑스런
- □ **Good Heavens** 〈감탄사〉어머나, 저런
- □ **conversation** 대화
- □ **vulgar** 저속한, 천박한; 통속적인
- □ **clever** 영리한, 똑똑한

1 그는 최근에 스틸이라는 성을 가진 두 젊은 여성을 만났는데, 그들은 그의 먼 사촌이었다.
2 언니 앤은 아주 수수해 보였지만, 동생 루시는 아름다운 스물셋의 숙녀였다.

Elinor was surprised that the Steeles knew about her family. "Yes, Norland is a lovely place."

"You must've had many handsome bachelors there," added Anne.

"Good Heavens, Anne," cried Lucy, "all you think and talk about is men!"

Elinor was glad when their meeting was finished. She found the elder Steele sister's conversation too vulgar and the younger sister Lucy too clever for her taste.[3] The Steeles thought differently, and soon the young ladies were together for an hour or two every day.

---

3 그녀는 언니 스틸과의 대화는 너무 천박했고, 동생 루시는 자기 취향에 비해 너무 영악스럽다고 생각했다.

One Point

You **must've been** sorry to leave beautiful Norland.
멋진 노어랜드를 떠나서 아쉬웠겠군요.

must have + 과거분사: ~했음에 틀림없다 (과거 사실에 대한 추측)

ex. He **must have robbed** the bank. 분명 그가 은행을 털었을 거야.

Sir John told the Steeles everything about the Dashwoods' lives. One day, Anne Steele congratulated Elinor on Marianne's engagement to a very fine young man. Then the Steeles told Elinor that Sir John talked about her suspected attachment to Edward.[1]

"His name is Ferrars," whispered Sir John. "But it's a big secret!"

"Mr. Ferrars!" repeated Anne Steele, "Your sister-in-law's brother? He's a very pleasant young man. We know him well."

"How can you say that, Anne?" cried Lucy, who always corrected everything her sister said. "We've only seen him once or twice at my uncle's house."

Elinor was shocked. She wanted to know who their uncle was and how they knew Edward.[2] But she didn't ask questions.

- **suspected** 수상쩍은, 짐작되는
- **repeat** 되풀이하여 말하다, 반복하다
- **pleasant** 쾌활한, 명랑한
- **correct** ~의 잘못을 지적하다, 바로잡다
- **humorous** 재미있는
- **education** 교육; 교양
- **lacking** 부족한, 모자라는
- **insincerity** 불성실, 위선
- **dishonesty** 부정직
- **self-interest** 사리사욕
- **lie behind** ~의 배후에 있다
- **action** 행동

1 그러더니 스틸 자매는 엘리너에게 존 경이 에드워드와 그녀의 수상한 애정관계에 대해 얘기해 주었다고 말했다.
2 그녀는 그들의 삼촌이 누구이며 그들이 에드워드를 어떻게 알고 있는지 알고 싶었다.
3 그녀는 영리하고 유머 있는 친구였지만, 엘리너는 그녀의 부족한 교양을 딱하게 여겼다.

CHAPTER THREE Secrets

During the next few days, Lucy took every chance to make conversation with Elinor. She was a clever and humorous companion, but Elinor pitied her for lacking education.³ She disliked the insincerity, dishonesty, and self-interest that lay behind her words and actions.

While Elinor and Lucy were walking alone, Lucy asked, "You may think this question strange, but do you know your sister-in-law's mother, Mrs. Ferrars?"

Check Up

What does Elinor think of Lucy?

- a Lucy is a trustworthy person.
- b Lucy is very wise and well-educated.
- c Lucy is not a nice person.

The question was strange to Elinor. "I've never met her," she answered coldly.

"Then, you couldn't say what kind of woman she is?" questioned Lucy.

"No," Elinor plainly replied, holding back her true opinion of Edward's mother. "I don't know anything about her."

Then Lucy looked at Elinor. "I wish I could tell you about the difficult situation I'm in."¹

"Well, I wish I could help you, but I don't know Mrs. Ferrars."

"Mrs. Ferrars knows nothing of me," Lucy said with a shy, sidelong glance at Elinor, "but we will be closely connected soon."²

"Good Lord!" cried Elinor, "Do you mean with Mr. Robert Ferrars?"

She didn't like the idea of Lucy becoming her sister-in-law.

- **plainly** 솔직히, 꾸밈없이, 분명히
- **situation** 상황
- **sidelong** 옆의, 비스듬한
- **glance** 흘끗 봄
- **closely** 가깝게
- **mention** 언급하다
- **trust** 믿다, 신뢰하다
- **look upon A as B** A를 B로 간주하다
- **force oneself to**부정사 억지로 ~하다
- **remain** ~한 상태로 남아 있다, 유지하다

CHAPTER THREE Secrets

"No," replied Lucy, "not Robert. I've never met him in my life. I mean his elder brother, Edward."

Elinor was silent with shock.

"You must be surprised," said Lucy, "because he never mentioned our relationship to your family. I know Edward won't be angry that I've told you our secret. He trusts you so much and looks upon you and your family almost as sisters."[3]

Elinor forced herself to remain calm. "May I ask how long you have been engaged?"

"We've been engaged for four years now," she answered.

Elinor couldn't believe it.

1 당신에게 내가 처한 힘든 상황에 대해 얘기할 수 있으면 좋겠군요.
  → I wish (that) 주어 + 과거동사: ~하면 좋을 텐데(현재의 소망)

2 "페라스 부인은 저에 대해 아무것도 모르고 있어요." 루시는 엘리너를 곁눈질로 수줍게 힐끗 바라보며 말했다. "하지만 우린 곧 가까운 관계가 될 거예요."

3 그는 당신을 매우 신뢰하고 있어요. 그리고 당신과 당신 자매들을 거의 여동생처럼 생각하고 있어요.

"We met here in Devonshire while Edward was studying law," said Lucy. "I didn't want to get engaged without his mother's approval. But I was young and loved him so much. Oh, dear Edward. Look, I carry his picture everywhere."

She pulled a small painting of Edward from her pocket and showed it to Elinor.[1] Her heart sank.

"You can't imagine my suffering," continued Lucy. "We see each other so infrequently."

She put her hand to her eyes. Elinor was unsympathetic.

- **approval** 찬성, 승인
- **painting** 그림
- **sink** 가라앉다 (sink-sank-sunk)
- **suffering** 고통, 괴로움
- **infrequently** 드물게, 어쩌다
- **unsympathetic** 무정한, 냉담한
- **break off** (관계를) 끊다
  (break-broke-broken)
- **bear** 참다 (bear-bore-borne)
- **for oneself** 스스로, 혼자 힘으로
- **go on** 계속하다
- **conceal** 감추다, 숨기다
- **intentionally** 의도적으로
- **deceive** 속이다
- **insincere** 거짓의, 성의 없는
- **income** 수입

CHAPTER THREE Secrets

"Sometimes I think about breaking it off," continued Lucy. "But I couldn't bear hurting him. What do you think?"

"You must decide for yourself," answered Elinor.

"Poor Edward doesn't even have my picture," Lucy went on, "but I sent him a ring with a lock of my hair in it.[2] Did you see him wearing it when he visited you recently?"

"I did," Elinor answered. Her calm voice concealed her great unhappiness. She was shocked, confused, and miserable.

Their conversation ended, and Elinor was sure Edward still cared for her. She felt he loved her and would never have intentionally deceived her.[3] He was trapped by a beautiful yet insincere, vulgar, selfish girl. Her interest lay in his future income.

Check Up
본문의 내용과 맞으면 T, 틀리면 F를 쓰세요.

a. Elinor thought Lucy was only interested in Edward for his money. _____
b. Lucy met Edward at a ball in Sussex. _____

정답: a.T b.F

1 그녀는 호주머니에서 에드워드의 작은 초상을 꺼내 엘리너에게 보여주었다.
2 "가엾은 에드워드는 내 그림조차 갖고 있지 않아요."라고 루시는 계속 말을 이었다. "하지만 난 그에게 내 머리 타래가 담긴 반지를 보냈어요."
3 그녀는 그가 자신을 사랑하고 있으며 결코 의도적으로 자신을 속인 건 아닐 거라고 생각했다.

Elinor was very careful to hide her unhappiness. She knew if she told her family the bad news about Edward, their misery would only add to her own.[1]

On several occasions, she spoke quietly with Lucy about the situation. Elinor learned that Lucy planned to hold Edward to the engagement. She was jealous that Edward held Elinor in such high esteem. Why else would Lucy tell Elinor her secret, but to warn her to keep away from Edward?[2]

What made Elinor most sad was that she knew Edward did not love his future wife. He had no chance of having a happy marriage.

Mrs. Jennings, who was making plans to return to her London house, surprised Elinor and Marianne with an invitation.

"You must come along," she told the Dashwood sisters, "I'm so good at finding husbands for single girls. If I

- **add to** ~을 더하다
- **occasion** 기회, 경우
- **hold A to** A로 하여금 ~을 지키게 하다
- **jealous** 질투하는
- **hold A in high esteem** A를 대단히 존중하다
- **keep away from** ~을 가까이 하지 않다
- **be good at** ~을 잘하다
- **at least** 최소한, 적어도
- **fault** 잘못
- **refuse** 거절하다
- **run into** 마주치다
- **insist** 고집하다, 주장하다

CHAPTER THREE Secrets

can't get at least one of you married, it won't be my fault!"

Elinor wanted to refuse. She feared she might run into Edward and Lucy Steele in London. But Marianne was excited at the chance of seeing Willoughby who was still in London. Mrs. Dashwood insisted that they accept the invitation.

✓ Check Up

Why was Elinor reluctant to tell her family about Lucy and Edward?

- a She didn't want to make them sad.
- b She promised Lucy she wouldn't tell anyone.
- c She didn't want to make Lucy embarrassed.

정답: b

1 그녀는 가족에게 에드워드에 대해 좋지 않은 소식을 전한다면 그들의 고통이 자신의 고통을 가중시킬 뿐임을 알고 있었다.
2 루시가 엘리너에게 에드워드에게서 떨어지라고 경고하는 게 아니고서야 왜 자신의 비밀을 털어놓으려 했겠는가?

When Elinor and Marianne got to their room in Mrs. Jennings' luxurious house in London, both girls took out their pens and paper for letter writing.[1]

"I'm writing home to Mother," said Elinor to Marianne. "Perhaps you should hold off a few days."

"I'm not writing to Mother," replied Marianne.

Elinor realized her sister was writing to Willoughby. Marianne was nervous for the rest of the evening. She could eat almost nothing, and anxiously listened to the

- **get to** ~에 도착하다
- **luxurious** 호화로운, 사치스러운
- **take out** ~을 꺼내다
- **hold off** 미루다, 연기하다
- **nervous** 초조한
- **anxiously** 근심하여, 열망하여
- **calmness** 냉정, 침착, 고요
- **experience** 경험하다
- **bitter** 쓴, 쓰라린
- **disappointment** 실망
- **make an excuse** 변명을 하다
- **tiredness** 피곤
- **headache** 두통
- **definitive** 명확한; 결정적인

CHAPTER THREE Secrets

sound of every passing carriage.² After dinner, there was a knock on the door. Marianne jumped up and cried, "It must be Willoughby!"

She ran toward the door and almost threw herself into the arms of Colonel Brandon.³ Her shock was too great to bear with calmness. She left the room, and Elinor greeted the colonel. Elinor was sorry to see the man so in love with her sister. He experienced only her bitter disappointment when she saw him.⁴

The colonel asked, "Is she ill?"

Elinor made several excuses about tiredness and headaches. Mrs. Jennings entered the room cheerfully and asked the colonel where he had been.

The colonel replied politely but gave no definitive answer. He soon left, and all of the ladies went to bed early.

---

1 엘리너와 메리앤은 제닝스 부인의 호화로운 런던 저택에 있는 자신들의 방에 도착하자, 둘 다 편지를 쓰기 위해 펜과 종이를 꺼냈다.
2 그녀는 거의 아무것도 먹지 못했고, 지나가는 모든 마차 소리에 열심히 귀를 기울였다.
3 그녀는 문으로 달려갔다가 브랜든 대령의 팔에 안길 뻔했다.
  → throw oneself into: ~에 몸을 던지다
4 그는 메리앤이 자신을 보고 몹시 실망하는 모습만 보았을 뿐이었다.

The next day found Marianne cheerfully hoping to see Willoughby. She was terribly distracted all day. When the ladies returned from shopping, there was still no answer from Willoughby. After being at Mrs. Jennings' house for a week, Marianne finally saw Willoughby's card on the table when they came home from a ride.[1]

"He's been here while we were out," exclaimed Marianne. From then on, she stayed at home while the others went out.

When a letter came the next day, Marianne tried to grab it. But it was for Mrs. Jennings.

"Were you expecting a letter?" asked Elinor, who could see her sister's disappointment.

"Just a little," sighed Marianne.

"Dear sister, don't you trust me?" asked Elinor.

"How can you, who trusts in no one, ask me that?"[2] replied Marianne.

- **distracted** 마음이 산란한
- **from then on** 그때부터
- **grab** 움켜잡다 (grab-grabbed-grabbed)
- **bluster** 고함지르다
- **reveal** 드러내다, 밝히다, 누설하다
- **communicate** 〈고어〉 나누다; (정보 등을) 전달하다
- **festivities** 〈복수형〉 행사, 연회

1 일주일째 제닝스 부인의 집에 머문 후, 그들이 마차를 타고 나갔다가 집에 돌아왔을 때 메리앤은 마침내 식탁 위에서 윌로비의 명함을 보았다.

Chapter Three Secrets

"I have nothing to tell," Elinor blustered, wanting to reveal the secret of Lucy Steele's engagement to Edward.[3]

"Nor do I," replied Marianne. "You communicate nothing, and I hide nothing."

The next day, there was a dance at Lady Middleton's London home. When Marianne realized Willoughby wasn't there, she lost interest in the festivities.[4] She was hurt that Willoughby was invited but hadn't come.

✓ Check Up
빈칸에 들어갈 알맞은 말을 본문에서 찾아 쓰세요.

Marianne was very _____ all day because she was _____ to see Willoughby.

정답: distracted, hoping

2 언니야말로 아무도 믿지 않으면서 어떻게 내게 그걸 물어 볼 수 있어?
3 "난 할 말이 없어."라고 엘리너는 소리쳤다. 그녀는 루시 스틸과 에드워드의 약혼에 대한 비밀을 털어놓고 싶었다.
4 메리앤은 윌로비가 오지 않았다는 걸 알고는 파티에 대한 흥미를 잃었다.

One night, the two Dashwood sisters went to a party with Lady Middleton. Willoughby was there, standing with an elegant young lady.¹ Marianne was delighted when she saw him. She began to run to him, but Elinor stopped her.

"Be calm," said Elinor. "Hide your feelings."

- **stop** 세우다, 저지하다
- **impossible** 불가능한
- **anxiety** 근심, 걱정, 불안
- **impatience** 안달, 조바심, 성급함
- **hold out** 내밀다
- **mistake** 실수
- **ashamed** 부끄러운, 수치스러워하는
- **glance** 흘끗 보다
- **information** 정보, 소식
- **join** 함께하다, 합류하다

1 윌로비는 그곳에서 어느 우아한 젊은 여자와 함께 서 있었다.
2 그녀는 얼굴에 불안함과 조급함을 그대로 드러낸 채 자리에 앉아 있었다.
3 윌로비는 조금 전에 옆에 서 있던 젊은 여자를 힐끗 쳐다보며 창피해하는 것 같았다.

CHAPTER THREE *Secrets*

It was impossible for Marianne. She sat with anxiety and impatience written on her face.²

"Why won't he look at me?" cried Marianne.

Finally, Willoughby turned around and looked at them. Marianne jumped up and held her hand out to him. He came over and spoke to Elinor, not Marianne, asking about their mother's health.

Marianne blushed and cried, "Willoughby, why didn't you visit me?"

"I visited," he said, "but you weren't home."

"Haven't you received my letters?" she said with wild anxiety. "There must have been some terrible mistake. I beg you to tell me. What's the matter?"

Willoughby looked ashamed, glancing over at the young lady he had been standing next to earlier.³

"Yes, I received the information that you were in town. Thank you for it."

With that, he turned away to join a friend.

✓ *Check Up*

본문의 내용과 맞으면 T, 틀리면 F를 쓰세요.

a Willoughby ignored Marianne for most of the party. _____

b Marianne didn't seem to realize that Willoughby was with another young woman. _____

정답: a. T b. T

Marianne was pale and unable to stand. Elinor helped her into a chair. Willoughby left the party soon after. Riding home, Elinor realized that Marianne's attachment with Willoughby was over.[1] She felt bitter over his tasteless manner of ending it.

That night, Elinor was kept awake by the sound of Marianne sobbing.[2] The next day, a letter arrived for Marianne. Mrs. Jennings asked if it was a love letter. "I've never seen a woman so in love in my life. I hope he won't keep her waiting."

When Elinor went into their room, Marianne was sobbing violently. Elinor held her hand and burst into tears, too. Then she read his letter.

- **pale** 창백한
- **be over** 끝나다
- **bitter** 쓰라린, 고통스러운
- **tasteless** 무미건조한, 품위 없는
- **manner** 태도
- **end** 끝내다
- **awake** 깨어 있는
- **violently** 격렬히, 세차게
- **forgiveness** 용서
- **fondness** 좋아함
- **impression** 인상
- **offer** 제공하다, 제시하다

1 집으로 오면서 엘리너는 윌로비와 메리앤의 사랑이 끝났음을 깨달았다.

2 그날 밤 엘리너는 메리앤이 흐느끼는 소리에 잠을 이루지 못했다.

CHAPTER THREE Secrets

Dear Madam,

I beg your forgiveness if you didn't approve of my behavior last night. I will always remember our visits with great fondness. I hope I didn't give you the impression that I felt more for you than I ever expressed.[3] Please understand that I've been engaged to someone else for a long time. We will be married soon. With this letter, I am returning the lock of your hair that you so kindly offered me.[4]

Your friend,
John Willoughby

✓ Check Up

What is the tone of the letter Willoughby sent to Marianne?

- a. Cold and formal
- b. Formal and promising
- c. Generous and passionate

3 당신에게 내가 표현한 것보다 더 큰 감정을 느끼고 있다는 인상을 주지 않았길 바라오.
4 이 편지와 함께 당신이 너무나 상냥하게 내게 주었던 당신의 머리 타래를 돌려보냅니다.

Elinor was disgusted with the cold, official manner of this letter. It was hurtful and cruel. In an instant, she was glad that Marianne would not wed such a terrible man.[1]

"Oh, Elinor," said Marianne, "I'm sorry to make you so unhappy."

"Just think how much you would have suffered if you'd discovered how terrible he was at the end of your engagement,"[2] replied Elinor.

"Engagement!" cried Marianne. "We were never engaged. He never promised me anything."

"He said he loved you?" questioned Elinor.

"No, he never said so," cried Marianne. "But I could feel it in his eyes."

She began sobbing again.

- **disgusted** 정떨어진, 화나는
- **official** 공적인, 형식만 차리는
- **hurtful** 고통을 주는
- **in an instant** 즉시
- **wed** 결혼하다 (wed-wedded-wedded)
- **suffer** 괴로워하다
- **discover** 발견하다, 알다, 깨닫다
- **concern** 관심, 배려, 걱정
- **spend A on B** A를 B에 쓰다
- **badly** 몹시
- **all for the best** 모두가 하나님의 뜻이다, 다 잘 될 것이다

CHAPTER THREE Secrets

Later, Mrs. Jennings showed concern for Marianne, who had made herself sick. She told them that Willoughby's other woman was Miss Grey, with an income of 50,000 pounds per year and that Willoughby spent too much money on his carriage and horses and needed money very badly.[3] She thought his behavior was terrible. But cheerfully she said that it was all for the best because now Marianne could marry Colonel Brandon.

✓ Check Up
본문에서 알맞은 단어를 찾아 문장을 완성하세요.

Elinor thought it was good for Marianne not to _____ Willoughby.

정답: marry 또는 wed

1 순간 그녀는 메리앤이 그런 형편없는 남자와 결혼하지 않게 돼서 기뻤다.
2 약혼 기간의 막바지에 그가 얼마나 나쁜 사람인지 알게 되었다면 얼마나 힘들었을지 생각해 봐.
3 그녀는 그들에게 윌로비의 다른 여자는 1년에 5만 파운드의 수입이 있는 그레이 양이며, 윌로비가 마차와 말에 너무 많은 돈을 쓰는 바람에 돈이 몹시 궁하다고 말해 주었다.

Chapter Three — Comprehension Quiz

A 보기에서 알맞은 단어를 골라 문장을 완성하세요.

> intentionally   vulgar   company   calm   bachelors

1. Willoughby openly enjoyed Marianne's _____.
2. You must've had many handsome _____ there.
3. She found the elder Steele sister's conversation too _____.
4. Elinor forced herself to remain _____.
5. She felt he never would have _____ deceived her.

B 다음 밑줄 친 표현이 올바로 쓰인 것을 고르세요.

1. (a) They <u>delighted</u> at the blue sky and the white clouds.
   (b) Willoughby <u>delighted</u> for a rude entrance.

2. (a) Colonel Brandon was <u>imagined</u> about Marianne.
   (b) She <u>imagined</u> her hero so intensely that she didn't notice the pain.

3. (a) Willoughby possessed the sensibility that Edward Ferrars <u>lacked</u>.
   (b) Marianne fell down the hill and <u>lacked</u> her ankle.

Answers

A   ❶ company   ❷ bachelors   ❸ vulgar   ❹ calm   ❺ intentionally
B   ❶ (a)   ❷ (b)   ❸ (a)

C 다음 질문에 알맞은 답을 고르세요.

❶ What did Mrs. Dashwood and Elinor do when a stranger carried Marianne into the house?

(a) They called the police.

(b) They shot him with a gun.

(c) They noticed his handsome appearance.

❷ Why did Willoughby want to marry Miss Grey?

(a) Because she was the most beautiful woman in England.

(b) Because she was rich, and he badly needed money.

(c) Because she was more intelligent than Marianne.

D 내용 전개에 맞게 다음 문장을 다시 배열하세요.

❶ Colonel Brandon received a letter.

❷ The group tried to persuade Colonel Brandon to put his business off.

❸ The group planned to go on a trip to a country house.

❹ Colonel Brandon said he had to leave on urgent business.

❺ Marianne got into Willoughby's carriage and disappeared for the rest of the day.

_____ ⇨ _____ ⇨ _____ ⇨ _____ ⇨ _____

Answers

C ❶ (c)   ❷ (b)

D ❸ ⇨ ❶ ⇨ ❹ ⇨ ❷ ⇨ ❺

Chapter Four

The Truth Revealed

RESPONSE NOTES

Marianne felt more miserable the next day. She was determined to avoid Mrs. Jennings.

"Her kindness is not sympathy," she complained. "She enjoys gossiping about my problems to her friends."

After breakfast, Mrs. Jennings found the sisters in their room and delivered a letter to Marianne.[1] "My dear, this will make you happy."

Marianne hoped it was from Willoughby, explaining and apologizing for his strange behavior. But it was from her mother. The letter expressed confidence in Willoughby. Marianne began to cry again at the thought of her mother's disappointment when she learned the truth about him.[2]

- **truth** 진실, 사실
- **be determined to**부정사 ~하기로 결심하다
- **avoid** 피하다
- **sympathy** 동정, 연민
- **gossip** 잡담하다; 뒷말, 잡담
- **deliver** 전달하다
- **confidence** 자신감
- **character** 인격, 성격; 인물
- **proof** 증거
- **eager** 열심인; 격렬한

Then there was a knock on the door. It was Colonel Brandon. Marianne ran away to her room. Elinor greeted him. He seemed unhappy.

"I've come to speak with you," Brandon said to Elinor. "I want to tell you some details about Mr. Willoughby's character."

"Your words are proof of your feelings for Marianne," said Elinor.

"Perhaps you remember a lady I mentioned once at Barton Park?[3] She was like your sister, with an eager mind, a warm heart, and great sensibility. She was a distant cousin of mine. We played together when we were children, and this grew into love,"[4] said Brandon.

---

1 아침식사 후 제닝스 부인은 방에 있던 대시우드 자매를 발견하고는 메리앤에게 편지 한 통을 전했다.
2 메리앤은 어머니가 그에 대한 사실을 알게 되었을 때 실망할 것을 생각하며 다시 울기 시작했다. → at the thought of: ~을 생각하고, ~을 생각하면
3 혹시 제가 바튼 파크에서 얘기한 적이 있는 어느 여자를 기억하나요?
4 우리는 어렸을 때 함께 놀았고, 그것은 사랑으로 발전했지요.

"But at seventeen, she was married to my brother against her wishes. Before the wedding, we planned to run away to marry secretly. My father discovered the plan and sent me to the army. Their marriage was unhappy. My brother cheated on her with countless other women. Two years later, they were divorced."

Elinor looked upon him with great sympathy and concern.

- army 군대
- cheat on 바람피우다, 부정을 하다
- countless 셀 수 없는, 무수한
- be divorced 이혼하다
- look upon ~을 바라보다
- debtor 채무자
- prison 감옥
- respectable 존경할 만한
- disappear 사라지다
- search for ~을 찾다
- be supposed to부정사 ~하기로 되어 있다
- outing 산책, 소풍
- call away 불러서 자리를 뜨게 하다
- seduce 유혹하여 농락하다

1 저는 일라이자를 학교에 보냈고, 그 후에는 시골에 사는 명망 있는 여성의 보호 하에 그녀를 맡겼습니다. → in the care of: ~의 보호 하에

CHAPTER FOUR The Truth Revealed

He continued, "Three years later, I found her in a debtor's prison. She was terribly sick and had only a short while left to live. I cared for her until she died in my arms. She left a little girl in my care named Eliza. I sent Eliza to school and then left her in the care of a respectable woman in the country.[1] Eliza is now seventeen. Last year, she suddenly disappeared. She was gone for eight months, while I searched for her."

"Good Lord!" cried Elinor. "Could Willoughby be . . ."

"Remember the day at Barton Park? We were supposed to go on the outing, but I received an urgent letter. I was called away. Willoughby didn't know it was to help someone he'd made poor and miserable.[2] But he wouldn't have cared. He did the worst a man could do. He left a girl he'd seduced, with no home, no friends, and no money."[3]

Check Up

빈칸에 들어갈 말을 본문에서 찾아 쓰세요.

Colonel Brandon's brother _____ on his wife with other women many times.

정답: cheated

2   윌로비는 그 일이 자신이 불행하고 비참하게 만든 사람을 도우러 가는 일인 줄 몰랐습니다.
3   그는 자신이 유혹한 여자를 버렸습니다. 그녀에게 집도 친구도 돈도 남겨놓지 않은 채 말입니다.

"This is an outrage!" cried Elinor.

"Now you understand what he is like. Imagine how hard it was for me to see your sister's affection for him when I knew of his character.¹ Who knows what his intentions were toward her? One day she will feel grateful when she compares her situation to that of my poor Eliza."²

"Have you seen Willoughby since you left Barton?" asked Elinor.

"Yes, after Eliza confessed the name of her seducer. I accused him of dishonorable behavior and challenged him to a duel. We met in combat, but both of us

- **outrage** 격분, 격노; 불법 행위, 난폭, 폭행
- **grateful** 감사하는
- **compare A to B** A를 B에 비유하다
- **confess** 고백하다
- **seducer** 유혹자
- **dishonorable** 불명예스러운, 비열한
- **challenge A to a duel** A에게 결투를 신청하다
- **combat** 격투, 결투; 전투
- **unwounded** 상처 입지 않은
- **result** 결과
- **guilt** 죄, 죄가 있음
- **sadden** 슬프게 하다
- **reply** 답장
- **advise A to 부정사** A에게 ~하라고 충고하다
- **shorten** 짧게 하다, 단축하다
- **hasty** 급한, 성급한

CHAPTER FOUR The Truth Revealed

returned unwounded. My poor Eliza had her child and now lives in the country."

The colonel left. Elinor told her sister the details of their conversation. But the result was not what she had hoped. Marianne listened attentively and accepted Willoughby's guilt. But she seemed even more saddened that Willoughby's good character was lost, as well as his heart.[3]

Mrs. Dashwood's letter of reply came the following day. She advised them not to shorten their stay with Mrs. Jennings. A hasty return to Barton would only bring back memories of happy times with Willoughby.[4]

 Check Up

본문의 내용과 맞으면 T, 틀리면 F를 쓰세요.

a Mrs. Dashwood wanted her daughters to return to Barton quickly. _____
b Brandon hurt Willoughby in a duel. _____

정답: a.F b.F

1 그의 인품을 알면서 그에 대한 당신 동생의 애정을 지켜보고 있는 게 얼마나 힘들었을지 상상해 보세요.
2 언젠가 그녀는 자신의 상황과 불쌍한 일라이자의 상황을 비교하면 감사하게 될 겁니다.
3 그러나 윌로비의 마음뿐만 아니라 그의 좋은 성품마저 사라졌기 때문에 그녀는 훨씬 더 슬퍼 보였다. → even: 비교급 표현 앞에서 '훨씬'의 의미로 쓰인다.
4 바튼으로 서둘러 돌아오면 윌로비와 함께 한 행복했던 때의 기억만 다시 떠오를 뿐일 것이다.

Sir John and Mrs. Jennings condemned Willoughby when they heard of his dishonor. They also shared the belief that Elinor would be the woman to marry Colonel Brandon.¹

Two weeks after Willoughby's letter, Elinor found out that he had gotten married. Marianne was calm when she first received the news, but later began to sob wildly.

At this time, Elinor unhappily met the Steele sisters who had arrived in London. Lucy pretended to be happy to meet her. Elinor had to use all of her self-control to remain polite.

A more welcome meeting occurred when John Dashwood visited them at Mrs. Jennings'.² After being introduced to Colonel Brandon, he asked Elinor to take a walk with him privately.³ "Elinor, I think I'll be congratulating you on a very respectable marriage soon,"

- **condemn** 비난하다
- **dishonor** 불명예, 망신, 치욕
- **belief** 믿음
- **wildly** 미친 듯이, 격렬하게
- **occur** 일어나다, 발생하다
- **introduce** 소개하다
- **funny** 우스운
- **at the same time** 동시에

1 그들은 또한 엘리너가 브랜든 대령과 결혼할 여자가 될 거라고 믿었다.
2 존 대시우드가 제닝스 부인 집으로 그들을 방문했을 때 보다 따뜻한 환영 모임이 있었다.

CHAPTER FOUR The Truth Revealed

said John. "Colonel Brandon is most gentlemanly, and I'm sure he likes you."

"He doesn't wish to marry me," she replied.

"You're wrong, Sister. You can catch him with a little effort. How funny it would be if Fanny had a brother and I had a sister, marrying at the same time!"[4]

"Is Mr. Edward Ferrars getting married?" Elinor asked calmly.

✓ Check Up

Why did John think Colonel Brandon was in love with Elinor?

a John noticed how Colonel Brandon acted toward Elinor.
b Colonel Brandon told John he loved Elinor.
c Mrs. Dashwood told John's wife Brandon loved Elinor.

3 브랜든 대령을 소개 받은 후, 그는 엘리너에게 자기랑 단둘이 산책을 가자고 했다.
4 패니의 남동생과 내 여동생이 동시에 결혼식을 올린다면 얼마나 재밌을까!

"It's not arranged yet. But he is to wed the lady Miss Morton. She's Lord Morton's only daughter, with 30,000 pounds of her own.[1] Edward's mother will give him 1,000 pounds per year if he marries her. I wish we could be so comfortable," he said.

A week later, John and Fanny Dashwood gave a dinner party. The Middletons, Mrs. Jennings, Colonel Brandon, the Dashwood sisters, and the Steele sisters were all invited. Elinor and Lucy both knew that Mrs. Ferrars would be there.

"Oh dear, Miss Dashwood," whispered Lucy as they walked upstairs. "In a moment, I'll be seeing the person on whom my happiness depends – my future mother-in-law!"[2]

Mrs. Ferrars was a small, scrawny woman with a grouchy expression. She clearly disliked Elinor and approved of Lucy Steele.

"If only she knew Lucy's secret," mused Elinor, "how she would hate her!"

- **arrange** 정하다, 준비하다
- **scrawny** 여윈, 수척한
- **grouchy** 뾰로통한, 성난
- **expression** 표정
- **if only** ~하기만 하다면
- **muse** 생각에 잠기며 말하다
- **awkward** 어색한, 거북한
- **keep watch over** ~을 주시하다

1 그녀는 모튼 경의 외동딸인데, 3만 파운드의 재산을 갖고 있단다.
2 잠시 후면 제 행복을 좌우하게 될 사람을 만나게 될 거예요. 제 미래의 시어머니 말이에요!

Chapter Four The Truth Revealed

The next morning, Lucy bragged to Elinor about how much Mrs. Ferrars liked her.[3]

Before Elinor could reply, the door opened. Edward walked in. It was an awkward moment between the three of them. Elinor welcomed him. Lucy kept watch over Elinor from the corner of her eye. Elinor decided to leave the couple alone and went to find Marianne.

3 다음날 아침, 루시는 엘리너에게 페라스 부인이 자신을 얼마나 좋아하는지에 대해 자랑을 늘어놓았다. → brag about: ~에 대해 자랑하며 말하다

One Point

But he **is to wed** the lady Miss Morton. 하지만 그는 모튼 양과 결혼할 거야.

be to 부정사: ① 〈예정〉 ~할 것이다 ② 〈의무〉 ~해야 한다 ③ 〈가능〉 ~할 수 있다

ex. You **are to submit** your paper by tomorrow. 내일까지 보고서를 제출해야 합니다.

After visiting with his sisters, John Dashwood thought about inviting them to visit Norland for a few days.[1] But Fanny Dashwood quickly informed him, "I'm shocked by your suggestion. I've just decided to ask the Steele sisters to stay with us. We'll have to ask your sisters some other year."

John agreed, and Fanny invited Lucy and her sister. Lucy was very happy for the useful opportunity to be close to Edward.[2]

- **visit with** ~와 얘기를 나누다
- **suggestion** 제안
- **useful** 유용한
- **opportunity** 기회
- **close** 가까운, 친한
- **creature** (경멸적으로) 사람; 생물
- **scream** 소리 지르다
- **pack** 싸다, 꾸리다
- **stand** 참다, 견디다
- **in preparation** 대비하여, 준비로

1 여동생들과 얘기를 나눈 후, 존 대시우드는 그들을 노어랜드에 오라고 초대해서 며칠간 머물도록 할까 생각했다.

2 루시는 에드워드와 가깝게 지낼 수 있는 유익한 기회를 갖게 돼서 아주 기뻤다.

CHAPTER FOUR The Truth Revealed

Some days later, Mrs. Jennings came back from her daughter Mrs. Palmer's house with a new piece of gossip.

"Fanny is ill because her brother Edward has been engaged to Lucy Steele for over a year.[3] Only her sister Anne knew! The Steeles are staying at your brother's house right now. Anne, being a creature of no intelligence, told Fanny! Your sister-in-law fell on the floor sobbing and screaming. The Steele girls were told to pack their bags immediately. The Ferrars family wanted Edward to marry that rich Miss Morton. I have no pity for them. I can't stand people who think money and greatness is important."[4]

Now all of the talk was about Edward. Elinor knew Marianne would be angry with him. She decided to tell her sister the truth in preparation.

Check Up
빈칸에 들어갈 알맞은 말을 쓰세요.

Mrs. Jennings learned a new piece of _____, which she promptly told everyone she knew.

gossip : ը소문

---

[3] 동생 에드워드가 1년 넘게 루시 스틸과 약혼한 상태였기 때문에 패니가 병이 났대요.
[4] 나는 돈과 출세를 중요하게 생각하는 사람들을 참을 수가 없어요.

Marianne listened to Elinor's story in horror and cried continuously. Edward seemed like a second Willoughby. "How long have you known?" she asked.

"Lucy told me of her engagement four months ago at Barton. I promised to keep it a secret."

"All this time you've been caring for me, and you've had this on your heart. How could you put up with it?" cried Marianne.

"I was just doing my duty. I didn't want to worry everyone," replied Elinor.

- **in horror** 공포로, 두려워 하여
- **continuously** 계속해서, 끊임없이
- **keep A a secret** A를 비밀로 하다
- **put up with** ~을 참다
- **duty** 의무
- **worry** 걱정시키다
- **ill will** 적의, 앙심
- **on one's mind** 마음에 걸려
- **destroy** (희망 등을) 망치다; 파괴하다
- **defeat** 좌절시키다; 패배시키다
- **endure** 참다, 견디다
- **rudeness** 무례

1 그들은 결혼할 거고, 시간이 지나면 그는 그녀보다 나은 다른 여인을 생각한 적이 있었다는 사실을 잊어 버릴 거야. → in time: 조만간, 장래에

CHAPTER FOUR The Truth Revealed

"Four months! And yet you loved him!"

"Yes, but I love my family, too. And I don't have any ill will toward Edward. They will marry, and in time he will forget that he ever thought another woman better than her."[1]

"I'm beginning to understand the way you think. Your self-control doesn't seem so strange any more."

"I know you think I lack emotions. This has been on my mind for months. I couldn't tell anyone. The person who destroyed my hopes of happiness told me this.[2] She saw me as a rival and was happy to defeat me. I've had to listen to her talking about Edward again and again and pretend I wasn't interested in him.[3] And I had to endure the unkindness and rudeness of his mother. Surely you can see how I've suffered now?"

2 행복에 대한 내 희망을 무너뜨린 장본인이 내게 그걸 알려 주었지.
3 나는 그녀가 에드워드에 대해 반복해서 얘기하는 걸 들으며 그에게 관심이 없는 척해야 했어.

One Point

Edward **seemed like** a second Willoughby.
에드워드는 제2의 윌로비 같았다.

seem like + 명사 / seem + 형용사: ~처럼 보이다

ex. He **seems** rich. / He **seems like** a rich man. 그는 부자 같아.

"Oh, Elinor!" Marianne cried. "How unkind I've been to you!"

Then the two sisters fell into each other's arms, sobbing.

The next day, John Dashwood came to visit them.

"I suppose you've heard of our shocking discovery,"[1] he said.

The sisters nodded silently.

"Your sister-in-law has suffered terribly. So has Mrs. Ferrars. They were both deceived. And after we showed those young women such kindness! Fanny wishes she'd invited you two to visit instead. Poor Mrs. Ferrars sent for Edward, and he came to see her. I'm sorry to say what happened next. Our efforts to persuade Edward to

- **suppose** 추측하다, 생각하다
- **shocking** 충격적인, 소름끼치는
- **discovery** 발견
- **nod** 고개를 끄덕이다
- **instead** 대신에
- **send for** ~를 부르러 보내다
- **useless** 소용없는
- **offer to부정사** ~하겠다고 제안하다
- **do one's best** 최선을 다하다
- **prevent A from...** A가 ~하는 것을 막다
- **succeed in** ~에 성공하다
- **understandable** 이해할 수 있는, 알 만한
- **stubbornness** 완고, 완강
- **astonishing** 놀라운

1 우리가 충격적인 사실을 알게 되었다는 애길 들었겠지?

CHAPTER FOUR The Truth Revealed

end his engagement were useless.² His mother offered to give him 1,000 pounds per year to marry Miss Morton. But he refused. Mrs. Ferrars told him he would receive no money from her, and she would do her best to prevent him from succeeding in any profession he entered."³

"Good Heavens!" cried Marianne. "It's so terrible!"

"Your shock is understandable," John said to his sisters. "His stubbornness is astonishing."

✓ Check Up

본문의 내용과 맞으면 T, 틀리면 F를 쓰세요.

a. Fanny now liked the Dashwood sisters more than the Steele sisters. _____

b. Mrs. Ferrars has become Edward's enemy. _____

정답: a.F b.T

2 약혼을 파기하도록 에드워드를 설득하려는 우리의 노력은 소용없었어.
→ persuade A to부정사: A가 ~하도록 설득하다

3 페라스 부인은 그가 자신에게서 돈을 한 푼도 받지 못할 거고, 그가 시작할 어떤 직업에서도 성공하지 못하게 방해하는 데 최선을 다할 거라고 말했어.

"Mr. Ferrars has behaved like an honest man," cried Mrs. Jennings who was listening to them. "He must keep his promise to marry Lucy Steele."

"Madam, I respect your opinion," replied John, "but a good woman like Mrs. Ferrars, with such an enormous fortune, cannot approve of her son's secret engagement to an unsuitable woman.[1] Mrs. Ferrars told Edward to leave her house forever, and he did. She never wants to see him again. Robert shall inherit her fortune when she dies. Edward will be poor, while his younger brother is wealthy! I sincerely pity him."

John Dashwood soon left, and the three women condemned Mrs. Ferrars' behavior and warmly supported Edward.

A letter from Lucy came the next morning.

- **behave** 행동하다, 처신하다
- **keep one's promise** 약속을 지키다
- **enormous** 거대한, 막대한
- **unsuitable** 부적당한
- **sincerely** 진정으로
- **condemn** 비난하다
- **support** 지지하다; 부양하다; 후원하다
- **be pleased** 기뻐하다
- **despite** ~에도 불구하고
- **difficulties** 〈복수형〉 곤경, 난관
- **freedom** 자유
- **desire** 바라다; 소망
- **anger** 화, 분노
- **hope for the best**
  낙관하다, 희망을 버리지 않다
- **recommend** 추천하다
- **send one's regards to**
  ~의 안부를 전하다

1 하지만 페라스 부인처럼 막대한 재산을 가진 훌륭한 여자는 자기 아들이 적절치 못한 여자와 비밀 약혼을 했다는 걸 용납 못하죠.

Chapter Four The Truth Revealed

Dear Miss Dashwood,

As a true friend, I know you will be pleased to hear this. Despite the terrible suffering that Edward and I have been through, we are quite well now, thank God.[2] We are happy in each other's love. Thank you for helping us through our difficulties. Yesterday, we spent two hours together, and I offered him his freedom, and was ready to call our engagement off if he desired.[3] But he refused. He said he didn't care about his mother's anger as long as I loved him. Life will not be easy for us, but we must hope for the best. He will enter the Church. I hope you can recommend him to somebody who can offer him a job. Please tell dear Mrs. Jennings that I hope she won't forget us, either. Please remember me well and send my regards to Sir John and Lady Middleton, their dear children, and give my love to Miss Marianne.

Yours Truly,
Lucy Steele

---

2 에드워드와 제가 겪었던 끔찍한 고통에도 불구하고 다행히 지금 우린 아주 잘 지내고 있어요.
→ through: ~을 겪어, ~을 경험하여

3 어제 우리는 함께 두 시간을 보냈습니다. 그리고 저는 그에게 자유를 제안했고, 그가 원한다면 우리의 약혼을 파기할 준비가 되어 있었습니다. → call off: 취소하다

Elinor was sure that Lucy wanted Mrs. Jennings to see the letter and showed it to her immediately.¹ The old woman praised Lucy's warm heart. "She calls me dear Mrs. Jennings! Oh, I wish I could get him a job with all my heart!"

The Dashwood sisters had been in London for more than two months. Marianne was ready to go home. She missed the country terribly. Elinor was also anxious to go. But she dreaded the long journey that lay ahead. This problem was solved when the Palmers invited Mrs. Jennings and the Dashwood sisters to their home in Somerset, only a day away from Barton.²

They accepted the invitation and planned to stay at the Palmers' home for a week.

- **praise** 칭찬하다
- **with all one's heart** 진심으로
- **terribly** 몹시, 지독하게
- **be anxious to**부정사 몹시 ~하고 싶어하다
- **dread** 두려워하다, 염려하다
- **solve** 해결하다
- **start** 첫 출발, 시작
- **minister** 목사
- **light** (강도가) 약한, 가벼운
- **smallness** 작음
- **thank** ~에게 감사하다
- **promise to**부정사 ~하기로 약속하다

CHAPTER FOUR The Truth Revealed

A few days later, Colonel Brandon came to speak with Elinor. He had a job for Edward.

"It would be a start for Mr. Ferrars at least," continued Colonel Brandon. "The minister's duties there are light, and a cottage comes with the job.[3] I'm sorry for the smallness of the house, and the income is only 200 pounds a year."

Elinor thanked the colonel and promised to tell Edward the good news.

1 엘리너는 루시가 제닝스 부인이 이 편지를 보길 바란다고 확신하고 즉시 그녀에게 그것을 보여주었다.
2 파머 부부가 바튼에서 겨우 하루 거리에 있는 서머셋의 저택으로 제닝스 부인과 대시우드 자매를 초대하면서 이 문제는 해결되었다.
3 그곳에서 목사가 하는 일은 쉬워요. 그리고 오두막도 제공됩니다.
→ duties: 〈복수형〉 해야 할 일, 임무, 직무

Understanding the Story

제인 오스틴은 익명으로 작품을 발표한 것으로 유명합니다. 이 훌륭한 작가가 자신을 드러내지 않은 이유가 무엇인지 한번 알아봅시다.

A Humble Author
겸손한 작가

Jane Austen did not seek fame as an author. In fact, she avoided fame like the plague. This was not because she was shy or modest; rather, it was more because of the social constraints placed on women in eighteenth century England. Women who entered the public arena through work, politics, or art were negatively received by the public. These women were thought of as having lost their precious femininity. As a result of this prejudice, Austen's name was not mentioned anywhere in the first and second editions. The first edition mysteriously claimed the author was "a lady." In the second edition, authorship was attributed to "the author of Pride and Prejudice."

humble 겸손한, 수수한 **seek** 추구하다, 찾다 **constraint** 속박, 억제 **public** 일반 대중의; 대중
arena 활동무대, 장 **femininity** 여성다움, 여성 **prejudice** 편견 **mysteriously** 수수께끼 같은
authorship 원작자, 저자 **attribute A to B** A를 B의 것이라고 하다

제인 오스틴은 작가로서의 명성을 추구하지 않았습니다. 사실 그녀는 명성이 질병인 양 피했죠. 이는 그녀가 수줍음이 많거나 겸손해서가 아닙니다. 그보다는 18세기 영국에서 여성을 짓누른 사회적 억압 때문이었습니다. 일, 정치, 또는 예술을 통해 공공의 영역에 발을 디딘 여성은 대중에게 부정적으로 받아들여졌습니다. 이런 여성들은 자신들의 소중한 여성성을 잃은 것으로 간주되었던 거죠. 이런 편견의 결과로 오스틴의 이름은 초판과 2판 어디에도 나와 있지 않습니다. 초판에서는 작가를 알쏭달쏭하게 '한 여인'이라고 했고, 2판에서는 원작자는 '오만과 편견의 작가'라고 했습니다.

Austen feared the social repercussions of being known as a writer so much that when she wrote at her home, she did so behind a door that creaked when  someone approached. Thus warned, Austen would quickly hide the manuscript she was working on and pretend to be doing something else.

Although this enabled Austen to maintain her private life and saved her from the harsh and prejudiced spotlight, it is somewhat ironic that a woman responsible for throwing women's issues into the public eye would desire such an anonymous lifestyle for herself. It is also a pity that Austen, who could have served as an exemplary role model for other aspiring women writers, would choose to hide behind the conventions of the society she so accurately portrayed and criticized. As a female author, she proved herself just as witty, insightful, and intelligent as other leading male authors of her day.

repercussions (간접적) 영향, 반향　**creak** 삐걱거리다　**harsh** 거친, 가혹한　**anonymous** 익명의　**exemplary** 훌륭한, 모범이 되는　**pity** 유감스러운 일, 동정　**conventions** 관습, 인습

오스틴은 작가로서 알려지는 것에 대한 사회적 반향이 너무나 두려워서 집에서 글을 쓸 때 누군가 다가오면 삐걱거리는 문 뒤에서 집필했습니다. 이렇게 삐걱대는 소리가 들리면 오스틴은 재빨리 작업하던 원고를 숨기고 다른 일을 하는 척하곤 했지요.

이렇게 오스틴은 사생활을 유지하고 가혹하고 편파적인 관심에서 벗어날 수 있었지만, 대중에게 여성 문제를 제기하는 책임을 진 한 여성이 스스로 이런 익명의 삶을 원했다는 것은 다소 아이러니합니다. 여타 야심만만한 여성 작가들에게 훌륭한 역할모델이 될 수 있었던 오스틴이 그녀가 매우 정확하게 묘사하고 비판했던 사회의 관습 뒤에 숨기를 선택하려 했다는 점 또한 유감스러운 일입니다. 여성 작가로서 그녀는 당대의 손꼽히는 남성 작가들만큼 위트 있고 통찰력 있으며 박식하다는 것을 증명했을 뿐입니다.

Chapter Five

Back to Barton

Before leaving London, Elinor visited her brother and Fanny. John was interested to hear of Colonel Brandon's job offer to Edward.[1] John took her aside and said, "I want to tell you one more thing. Although Mrs. Ferrars did not approve of Edward's attachment to you, she would have preferred he marry you than Lucy Steele.[2] Of course, it's too late now."

- ☐ **take A aside** A를 옆으로 데리고 가다
- ☐ **prefer** 오히려 ~을 좋아하다
- ☐ **thoughtless** 생각 없는, 경솔한
- ☐ **self-important** 거드름 피우는, 자만심 강한
- ☐ **increase** 증가시키다
- ☐ **dislike** 혐오; 싫어하다

1 존은 브랜든 대령이 에드워드에게 일자리를 제안했다는 얘기를 듣고 관심을 보였다.
2 페라스 부인이 너에 대한 에드워드의 애정을 용납하진 않았지만, 루시 스틸보다는 너와 결혼하는 걸 더 좋아했을 거야.
3 그녀는 전에 동생 페라스를 딱 한 번 만났을 뿐이었지만, 그가 경솔하고 거만한 젊은이라고 생각했다.

CHAPTER FIVE Back to Barton

Suddenly, Robert Ferrars entered. She had only met the younger Ferrars brother once and found him to be a thoughtless and self-important young man.³ This meeting increased her dislike for him. He talked happily of how he would receive Edward's inheritance and laughed at the idea of Edward being a poor minister who lived in a cottage.⁴

"I said to my mother," he said. "Dear madam, if Edward marries this young woman, I shall never see him again! If I'd known of this country girl earlier, I would have tried to persuade him to break it off!"⁵

Elinor was glad she couldn't stay long and hoped she would never see Robert Ferrars again.

Check Up

What did Robert Ferrars NOT do to make Eilnor dislike him?

- a He talked about how happy he was to get his brother's inheritance.
- b He made fun of the idea of Edward being a poor minister.
- c He told Elinor that she was not worthy of marrying his brother.

4 그는 자신이 어떻게 에드워드의 상속 재산을 물려받게 될 것인지 즐겁게 얘기했다. 그리고는 작은 집에서 사는 가난한 목사가 되려는 에드워드의 생각을 비웃었다.
5 제가 그 시골 여자에 대해 좀더 일찍 알았다면 약혼을 깨도록 그를 설득했을 거예요!

The trip to Cleveland, the Palmers' home in Somerset, took two days. When they arrived, Marianne felt worse than usual. They were only 30 miles away from Willoughby's country house. She planned to spend her time taking lonely walks and delighting in her misery.[1]

Colonel Brandon was also a guest of the Palmers. He spent a great deal of time talking to Elinor about the repairs he would make to the minister's cottage at Delaford before Edward took up residence there.[2] He talked to her so much that she began to wonder if John Dashwood had been right about the colonel's interest in her.[3] But she still got the feeling that when Colonel Brandon spoke to her, he wished he was talking to Marianne.

- **lonely** 외로운, 쓸쓸한
- **delight in** ~을 즐기다
- **repairs** 〈복수형〉 수리, 수선 작업
- **wonder if...** ~인지 아닌지 궁금해 하다
- **grass** 잔디
- **come down with** (병에) 걸리다
- **feverish** 열이 있는, 열병의
- **soreness** 아픔, 쓰림
- **all over one's body** 온몸에
- **medicine** 약
- **insist** 고집하다, 주장하다
- **rest** 휴식; 쉬다
- **infection** 감염
- **recover** 회복하다

1 그녀는 외로운 산책을 하며 자신의 비참함에 푹 빠져서 시간을 보낼 계획이었다.

2 그는 에드워드가 델라포드에 자리를 잡기 전에 목사 사택을 수리하는 문제에 대해 엘리너와 얘기를 나누며 많은 시간을 보냈다. → take up residence: ~에 주거를 정하다

CHAPTER FIVE Back to Barton

After two evenings of walking in the thick wet grass, Marianne came down with a terrible cold. She felt feverish, with soreness all over her body. She refused all medicine, insisting that all she needed was a good night's rest.

But by the next day, she was very sick. Elinor sent for the doctor, who said she suffered from an infection and would recover in a few days.[4]

✓ Check Up

본문의 내용과 맞으면 T, 틀리면 F를 쓰세요.

a. Marianne became sick after being bitten by an insect. _____
b. Elinor realized that Colonel Brandon loved her. _____

정답: a.F b.F

3   그가 그녀에게 너무 많은 얘기를 하는 바람에 엘리너는 자신에 대한 대령의 관심에 대해 존 대시우드의 생각이 맞았던 건 아닌지 궁금해지기 시작했다.
4   엘리너는 의사를 불렀고, 의사는 그녀가 균에 감염되었으며 며칠 후면 회복 될 거라고 말했다.

After several days, Marianne's condition remained the same. The doctor came every day. Elinor was hopeful and in letters to her mother, didn't mention the seriousness of Marianne's illness.[1]

That evening, as Elinor sat beside her sister's bed, Marianne sat up suddenly and cried wildly, "Is Mama coming?"

- **hopeful** 희망에 찬, 희망적인
- **seriousness** 심각함, 중대함
- **illness** 병
- **fear** 두려움, 공포
- **lie down** 눕다
- **desperately** 절망적으로, 필사적으로
- **alarmed** 겁먹은, 깜짝 놀란
- **fetch** 데려 오다
- **admit** 인정하다
- **sign** 기미, 조짐, 징후
- **fever** 열, 열병
- **go down** 내려가다
- **survive** 살아남다
- **recovery** 회복 v. recover
- **peacefully** 평화롭게
- **out of danger** 위험에서 벗어나

CHAPTER FIVE Back to Barton

"Not yet," Elinor replied, hiding her fear and helping Marianne lie down again.

"Please tell her to come soon," Marianne cried desperately, "or I shall never see her again!"

Elinor was so alarmed that she sent for the doctor immediately. Colonel Brandon drove through the night to Barton to fetch Mrs. Dashwood.[2]

When the doctor came, he admitted that the medicines had failed. The infection was stronger than ever. Elinor hoped her mother would arrive in time to say goodbye to her dying sister.[3]

But by midday, signs of Marianne's fever were going down. Elinor began to hope that Marianne would survive. On the doctor's next visit, he congratulated her on Marianne's slow recovery.[4] That night, Elinor slept peacefully, knowing her sister was out of danger.

---

1 엘리너는 희망을 갖고 어머니에게 보내는 편지에 메리앤의 병이 위중하다는 얘긴 쓰지 않았다.
2 브랜든 대령은 대시우드 부인을 데려 오기 위해 밤새 바튼으로 마차를 몰았다.
3 엘리너는 어머니가 죽어가는 동생에게 작별인사를 할 수 있도록 제때 도착하길 바랐다.
4 다음번 왕진 때 의사는 메리앤이 천천히 회복하고 있다며 그녀에게 축하의 인사를 건넸다.

Around eight o'clock, Elinor heard a carriage drive up to the front door. She rushed downstairs to meet her mother. But in the sitting room she found Willoughby. Fearful, she stepped backward.

"Miss Dashwood, I have something to tell you," begged Willoughby.

Elinor agreed reluctantly, "Hurry, I have no spare time."

"First of all, is your sister out of danger?"

"We hope so," Elinor replied frigidly.

"Thank God! I heard she was ill. I want to offer an explanation for my actions.[1] I have not always been a scoundrel. I beg your sister's forgiveness."

"Marianne has already forgiven you."

- **front door** 현관
- **fearful** 두려운, 무서운
- **backward** 뒤로
- **reluctantly** 마지못해
- **spare** 예비의, 여분의
- **first of all** 무엇보다
- **frigidly** 싸늘하게, 냉랭하게
- **explanation** 설명
- **scoundrel** 악당, 불한당
- **forgiveness** 용서
- **pass** (시간을) 보내다
- **debt** 빚
- **ask for a lady's hand** 여자에게 청혼하다
- **discover** 발견하다, 알아내다
- **scandalous** 수치스러운, 치사한
- **connection** 관계

CHAPTER FIVE Back to Barton

"Really?" he cried eagerly. "Still, I'll explain. When I first met her, my only intention was to pass my time in Devonshire pleasantly.² My debts are great. I was planning to marry a woman of fortune. But I soon found myself falling in love with Marianne. By the time I'd prepared myself to ask for her hand in marriage, my relative, old Mrs. Smith, discovered my scandalous connection,"³ he blushed and turned away. "But you've probably heard that story from Colonel Brandon."

"I have," said Elinor who was also blushing.

빈칸에 알맞은 말을 본문에서 찾아 쓰세요.

Willoughby claimed that he has not always been a _____.

정답: scoundrel

1 제 행동에 대해 해명을 드리고 싶습니다.
2 처음 그녀를 만났을 때 제 의도는 데본셔에서 즐겁게 시간을 보내는 것뿐이었어요.
3 그녀에게 청혼할 준비가 되었을 때, 제 친척인 스미스 부인이 저의 수치스러운 관계를 알게 되었죠.

Willoughby continued, "Mrs. Smith was very angry with me, and I suffered. She cut off my money and refused to see me again. I knew that if I married Marianne, I would be poor.¹ So I came to Barton Cottage to say goodbye. I was miserable when I saw her sorrow and disappointment."

There was a short silence, and Elinor softened toward him.

"Marianne's notes to me were like knives in my heart.

- cut off 중단하다, 끊다
- sorrow 슬픔, 비애
- silence 침묵
- soften (마음이) 누그러지다
- punishment 벌, 처벌, 징계
- make one's choice 선택하다, 고르다
- deserve ~을 받을 가치가 있다
- frown 찌푸린 얼굴, 불쾌한 표정
- in terror of ~에 두려워
- event 사건, 행사

Chapter Five Back to Barton

She was far dearer to me than Miss Grey, whom I was engaged to."[2]

"Remember that you are a married man now," said Elinor.

Willoughby laughed wildly. "Married, yes. Miss Grey saw Marianne's last letter and was jealous and angry. As punishment, she made me write that terrible letter to Marianne."[3]

"You have made your choice," Elinor replied coldly. "Respect your wife."

"My wife doesn't deserve your pity. I have no chance of happiness with her. If I'm ever free again. . ."

Elinor stopped him with a frown.

"I'll leave now," he said. "But I'll live in terror of one event. . . your sister's marriage."

"She can never be more lost to you than she is now,"[4] said Elinor.

"But she will be gained by someone else." With that, Willougby ran away.

1 저는 메리앤과 결혼하면 가난하게 살 거라는 걸 알고 있었습니다.
2 그녀는 제가 약혼했던 그레이 양보다 제게 훨씬 더 소중했습니다.
3 그 벌로 그녀는 제가 메리앤에게 그 끔찍한 편지를 쓰게 했어요.
4 메리앤은 지금보다 당신에게 더 빠져 있을 수는 없을 거예요.
   → 지금 메리앤은 당신에게 푹 빠져 있어요.

A half hour later, the girls' mother entered the house, half-dead with fear. Elinor gave her the good news. Mrs. Dashwood cried tears of relief. Colonel Brandon shared their relief with his profound silence.

Marianne's recovery continued daily. Mrs. Dashwood soon found an opportunity to tell Elinor other news. On the long drive from Barton, Colonel Brandon told Mrs. Dashwood he could no longer hide his feelings for Marianne.[1] He would ask for her hand in marriage. Mrs. Dashwood, convinced of his excellent character, hoped that in time, Marianne would accept his offer.[2]

Marianne recovered quickly and returned to Barton in a week. On the ride home in Colonel Brandon's carriage, Elinor saw that Marianne was now able to control her feelings.[3] Elinor was pleased to see her becoming enthusiastic again.

- relief 안도
- profound 깊은, 심오한
- convinced of ~을 확신하는
- excellent 훌륭한
- enthusiastic 열렬한, 열광적인
- impolite 불손한
- broken heart 실연, 낙담
- take a deep breath 심호흡하다, 한숨 돌리다

1 바튼에서 오는 긴 노정 동안 브랜든 대령은 대시우드 부인에게 더 이상 메리앤에 대한 감정을 숨기지 못하겠다고 말했다. → no longer: 더이상 ~않다

2 그의 훌륭한 성품을 확신하는 대시우드 부인은 언젠가는 메리앤이 그의 청혼을 받아들이길 바랐다. → in time: 조만간, 언젠가는; 시간에 늦지 않게

CHAPTER FIVE Back to Barton

A few days later, Marianne confessed to Elinor, "I behaved badly. I was too free with Willoughby and so impolite to other people.[4] I was terrible to you, dear Elinor. You were suffering, too. I thought only of my own broken heart."

Elinor took a deep breath and told Marianne everything Willoughby said to her. Marianne said nothing. Tears ran down her face.

Check Up

What did Colonel Brandon tell Mrs. Dashwood on the long drive from Barton?

- a He told her that he wanted to ask for Elinor's hand in marriage.
- b He said that he was in love with Marianne.
- c He said that he could no longer lie about Willoughby.

3 브랜든 대령의 마차를 타고 집으로 가면서, 엘리너는 메리앤이 이제 자신의 감정을 조절할 수 있다는 걸 알게 되었다.

4 윌로비와 너무 제멋대로 지내며 다른 사람들에게 너무 무례하게 굴었어.

That evening, Marianne told her mother and sister, "What Elinor told me was a great relief. I could have never been happy with him, knowing what he did."[1]

"Happy with a scoundrel like that?" cried her mother. "Not my Marianne!"

"You're considering the matter like a sensible person," said Elinor.

"How foolish I was!" cried Marianne.

"It's all my fault," said Mrs. Dashwood. "I should have smelled his intentions earlier."

Life at Barton became normal again. Elinor waited for news of Edward. It arrived unexpectedly from Mrs. Dashwood's manservant, Thomas. He returned with the report that "Mr. Ferrars was married."

Marianne took one look at Elinor's pale face and burst into sobs. Mrs. Dashwood didn't know which daughter to comfort first. She led Marianne to another room and hurried back to Elinor who had begun questioning Thomas. "Who told you this, Thomas?"

- **smell** 눈치 채다; 냄새 맡다
- **unexpectedly** 예기치 않게
- **take a look at** ~을 보다
- **comfort** 위로하다; 위로, 위안
- **question** 질문하다, 심문하다
- **former** 이전의

1 그가 저지른 일을 알고 있으면서 그와 함께 결코 행복할 수 없었을 거예요.
2 그러더니 그녀는 미소를 지으면서 마지막으로 데본셔를 방문한 후로 자신의 성이 바뀌었다고 말하더군요.

CHAPTER FIVE Back to Barton

"I saw him myself, with the former Miss Steele. She called to me from a carriage and asked about Marianne's health. Then she smiled and said her name had changed since she was last in Devonshire."[2]

"Was Mr. Ferrars in the carriage with her?"

"Yes, Madam. He was next to her. But I didn't see his face."

One Point

I should have smelled his intentions earlier.
내가 진작에 그의 의도를 눈치 챘어야 했어.

should have + 과거분사 : ~했어야 했다 → 과거 사실에 대한 후회나 원망을 나타낸다.

ex. He **should have attended** the party. 그 사람은 파티에 참석해야 했어.

"Did Mrs. Ferrars look happy?" asked Elinor.

"Yes, Madam. Very happy indeed."

Thomas was sent away while Elinor and her mother sat in silence. Mrs. Dashwood felt sad for her.

A few days later, a carriage rode up to the front door. Elinor thought it was Colonel Brandon. But it was Edward. "I must remain calm," she said to herself.

- indeed 실로, 참으로
- feel sad for ~을 안되게 여기다
- mumble 중얼거리다
- awful 지독한, 심한
- come over ~을 덮다
- bravely 용감하게
- hesitate 주저하다, 머뭇거리다
- astonishment 놀람, 경악

CHAPTER FIVE Back to Barton

He entered looking pale and nervous. Mrs. Dashwood greeted him kindly and congratulated him. He blushed and mumbled.

An awful silence came over the room. Mrs. Dashwood ended it by telling him she hoped Mrs. Ferrars was well.[1]

"Is Mrs. Ferrars in Delaford?" Elinor bravely asked.

"Delaford!" he said with surprise. "My mother is in London."

"I meant your new wife," Elinor said.

Edward hesitated. "Perhaps you mean. . . my brother's new wife."

"Your brother's new wife?" Marianne and her mother repeated together with astonishment.[2] Elinor couldn't speak.

"Yes," Edward said, "My brother is now married to Miss Lucy Steele."

본문의 내용과 맞으면 T, 틀리면 F를 쓰세요.

a Edward divorced Miss Lucy Steele. _____

b The Dashwoods mistakenly thought that Edward's wife lived in Delaford. _____

정답: a. F b. T

1 대시우드 부인은 페라스 부인이 잘 지내길 바란다고 그에게 말함으로써 그 침묵을 깼다.
2 "당신 동생의 새 신부요?" 하고 메리앤과 그녀의 어머니는 놀라서 함께 따라 말했다.

Elinor ran out of the room and burst into tears of happiness. Edward watched her run away and followed her.

The ladies were astonished. When they all sat down for tea, Edward asked for Mrs. Dashwood's permission to marry Elinor. She said yes. He was the happiest man alive.

"My foolish engagement would not have happened if my mother had let me choose my own profession.[1] I imagined myself in love. When I met you Elinor, I realized how wrong it was."

Everyone was delighted. He explained that his brother had visited Lucy, trying to persuade her to break off the engagement with his brother.[2] Lucy realized that Robert, rather than Edward, would inherit his mother's fortune. Since they were both of a similarly selfish character, they became attracted to one another and got married with speed and secrecy.[3]

- **follow** 따라가다
- **astonished** 깜짝 놀란
- **permission** 허락, 허가
- **alive** 살아 있는
- **similarly** 유사하게, 비슷하게
- **attracted to** ~에 끌리는
- **secrecy** 비밀, 은밀
- **horrified** 충격 받은, 겁에 질린
- **eventually** 결국
- **allow A to부정사** A가 ~하는 것을 허락하다

CHAPTER FIVE Back to Barton

　Edward's mother was horrified, but eventually accepted it. She wasn't happy about Edward's engagement to Elinor, either, but she gave them 10,000 pounds.⁴ The money would allow Edward and Elinor to marry very soon and move into the minister's cottage at Delaford. They were the happiest couple in the world.

1　제 어머니가 제 직업을 스스로 선택하게만 해주었다면 그런 어리석은 약혼은 하지 않았을 거예요. → let + A + 동사원형: A가 ~하게 해주다
2　그는 자기 동생이 형과의 약혼을 깨도록 루시를 설득하려고 그녀를 방문했다고 설명했다.
3　두 사람 모두 비슷하게 이기적인 사람이었기 때문에 서로에게 끌렸고 서둘러서 비밀리에 결혼식을 올렸다.
4　그녀는 에드워드와 엘리너의 약혼도 만족하지 않지만, 그들에게 1만 파운드를 주었다.

- **separate A from B** A와 B를 갈라놓다
- **friendship** 우정
- **agree to** 부정사 ~하기로 동의하다
- **consider A + 보어** A를 ~라고 생각하다
- **dull** 따분한, 재미없는
- **filled with** ~으로 가득 찬

1. 메리앤은 19세가 되자 따뜻한 우정과 존경심을 느끼며, 한때 재미없고 너무 늙었다고 생각했던 브랜든 대령과 결혼하기로 했다.
2. 곧 메리앤은 윌로비를 사랑했던 만큼 그를 사랑하게 되었다.
3. 마가렛은 무도회와 파티에 다닐 만큼 나이가 들자마자 존 경과 제닝스 부인을 방문했다.

Chapter Five Back to Barton

Moving to Delaford did not separate Elinor from her sister. By the time Marianne was nineteen, with feelings of warm friendship and respect, she agreed to marry Colonel Brandon, a man she had once considered dull and too old.[1]

Colonel Brandon was as happy now as everybody else. In time, Marianne came to love him as much as she had loved Willoughby.[2]

Mrs. Dashwood kept living at Barton Cottage. As soon as Margaret grew old enough for dancing and parties, she visited Sir John and Mrs. Jennings.[3] Barton and Delaford were connected and filled with strong family affection. Elinor and Marianne lived very happily with their husbands and were very close to each other. As the years passed, the sisters became ever closer.

Check Up

How did Marianne's feelings toward Colonel Brandon change?

- a. From disgust to weary surrender
- b. From contempt to respect
- c. From warm and friendly to hatred

Chapter Five

Comprehension Quiz

 본문 내용과 일치하면 T, 일치하지 않으면 F에 표시하세요.

① Colonel Brandon was once in love with his distant cousin. T F

② Mrs. Ferrars was very happy when she heard that Edward was engaged to Lucy Steele. T F

③ Colonel Brandon offered Edward Ferrars a job as a minister. T F

④ The Palmers' home was two days away from Barton. T F

B 다음 밑줄 친 표현이 올바로 쓰인 것을 고르세요.

① (a) Elinor looked upon him with great <u>sympathy</u>.
   (b) She <u>sympathy</u> the long journey that lay ahead.

② (a) The old lady praised Lucy's warm heart <u>attentively</u>.
   (b) Marianne listened <u>attentively</u> and accepted Willoughby's guilt.

Answers

A ①T ②F ③T ④F
B ①(a) ②(b)

C 다음 질문에 알맞은 답을 고르세요.

1. Why did Eliza disappear for eight months?
   (a) She went on a trip around the world.
   (b) She was pregnant with Willoughby's baby without being married.
   (c) She was kidnapped by bad men.

2. Why did Elinor burst into tears of happiness?
   (a) She learned that Robert, not Edward, had married Lucy.
   (b) Colonel Brandon gave Edward a job.
   (c) She found out that Willoughby still loved Marianne.

D 내용 전개에 맞게 다음 문장을 다시 배열하세요.

1. Marianne called out for her mother in the middle of the night.
2. The doctor said Marianne would recover in a few days.
3. Colonel Brandon drove all night to fetch Mrs. Dashwood.
4. Willoughby came to explain his bad behavior.
5. The doctor admitted that his medicines failed to cure Marianne's fever.

_____ ⇨ _____ ⇨ _____ ⇨ _____ ⇨ _____

Answers

C ❶ (b)   ❷ (a)

D ❷ ⇨ ❶ ⇨ ❸ ⇨ ❺ ⇨ ❹

권말 부록

리스닝 길잡이

권말부록
리스닝 길잡이

이제는 본문의 이야기를 귀로 즐겨 봅시다.
아래의 듣기 요령과 함께 영어의 특징적인 발음 현상 몇 가지만 알고 있으면
영문을 훨씬 쉽게 알아들을 수 있습니다.

첫째 영어의 리듬을 타세요.
우리말은 각 글자가 모두 한 박자씩이라면 영어는 절대 그렇지 않습니다. 영어는 발음이 강한 부분과 약한 부분이 연속되면서 리듬을 만들어 냅니다. 즉 단어의 강세가 문장의 강세가 되어 각 문장마다 고유한 리듬을 만들어 나가게 되는 것입니다. 따라서 영어를 말하거나 들을 때 리듬을 타는 것은 필수적입니다. 이 리듬이 몸에 익으려면 연습이 많이 필요합니다. 우선 각 단어의 강세가 어디에 있는지 파악하는 것부터 시작합시다.

둘째 강하게 들리는 말 위주로 들으세요.
영어에서는 의미를 전달하는 데 중요한 역할을 하는 단어나 표현을 강하게 발음합니다. 따라서 크게 들리는 말부터 신경 쓰세요. 영어를 처음 들을 때는 모든 단어를 다 듣는 것보다는 자기가 듣는 말이 무슨 의미인지 파악하는 것이 우선입니다. 작게 들리는 말은 대부분 관사나 조동사 등 전체 내용에서 주요한 역할을 하지 못하는 것입니다. 지금 단계에서는 무시하셔도 좋습니다.

셋째 이어지는 말에 주의하세요.
영어는 눈으로 볼 때는 단어들이 각각 떨어져 있어 문제 없지만 들을 때는 사정이 달라집니다. 우리말과 마찬가지로 영어도 옆의 단어와 음이 합쳐지는 경우가 많습니다. 예를 들어 '옷을 벗다'의 의미인 take off는 [테이크 어프]가 아니라 [테이커프]처럼 한 단어처럼 들리게 됩니다.

★ 이제 영어 리스닝에서 주의해야 할 매우 기본적인 사항을 알게 되었습니다.

나도 미국인 성우!
섀도잉하기

이번에는 영어를 들으면서 한 가지 재미있는 연습을 해봅시다.
섀도잉(shadowing)이라는 것입니다. shadow가 '그림자'란 의미이죠? 이 단어가 동사로는 '그림자처럼 따라다니다'의 뜻이 있습니다. 음원을 듣고 성우가 하는 말을 몇 박자 뒤에 그대로 따라하는 것입니다. 성우가 말하는 속도, 그리고 힘을 주는 부분, 약하게 읽는 부분, 말을 멈추는 부분을 앵무새처럼 똑같이 따라해 보세요.
자기도 모르는 사이에 영어 말하기와 듣기 실력이 쑥쑥 늘 것입니다. 이 방법은 전문가들 사이에서도 효과가 입증되어 있답니다. 물론 각각의 어구와 문장들이 무슨 뜻인지 생각하면서 읽어야겠죠.

1단계 자기가 따라할 수 있는 부분까지 듣고 음원을 멈춘다.
그리고 큰 소리로 따라한다.

2단계 자기가 따라할 수 있는 부분까지 듣고 큰 소리로 따라한다. 소리 내어 말하는 동시에 음원에서 나오는 소리를 들으며 돌림노래 부르듯 따라한다.

3단계 갈수록 좀더 많이(한 문장 정도) 듣고 섀도잉한다.

※주의 : 항상 자신이 어떤 내용을 읽고 있는 건지 생각하세요!

즐거운 리스닝 연습

CHAPTER ONE : page 10~11 MP3 001

The Dashwoods (❶) (   ) the Southern English town of Sussex for many generations. They owned a large country house named Norland Park. The head of the family was old Mr. Dashwood, an elderly unmarried (❷). During the last years of Mr. Dashwood's life he invited his nephew, Henry Dashwood, and his family to move into Norland Park.

Henry Dashwood had one son, John, by his (❸) (   ) and three daughters by his present wife. John was a young man who had received a large inheritance from his mother. The Norland fortune was not as important to John as it was to his sisters who had little money of their own.

When old Mr. Dashwood died, Henry (❹) (   ) his uncle had not left the fortune to him, but rather for him to use during his lifetime. When Henry died, the inheritance (❺) pass to his son John and then to John's son. This was because old Mr. Dashwood had been especially fond of John's son. But out of kindness, the old man left Henry's daughters 1,000 pounds each.

다음은 〈센스 앤 센서빌리티〉의 chapter one의 앞부분입니다. 처음이 잘 들리면 계속해서 부담이 없지요. 우선 이 앞부분을 들어 보세요. 그리고 괄호 안이 어떻게 들리는지 귀 기울이십시오. 또한 이어지는 각 발음에 대한 설명을 잘 읽어 보세요. 영어의 대표 발음 현상 위주로 알기 쉽게 해설했으니 여기에 나오지 않는 부분도 문제없이 들을 수 있을 것입니다.

❶ **lived in** [리ㅂ딘] 앞 단어가 자음으로 끝나고 이어지는 단어가 모음으로 시작하면 십중팔구 연음이 된다. 영어를 눈으로 보는 것과 듣는 것을 영판 다르게 만드는 가장 큰 요소이다. 한번 연음이 된 표현은 다른 경우에도 대개 연음되므로, 자주 나오는 표현들의 발음은 한 단어처럼 익혀 두자.

❷ **gentleman** [젠틀맨 / 제늘먼] gentleman에서 흔히 't'음이 생략되기도 한다. 이는 영어에서 nt가 이어지면 't'음은 발음하지 않는 경향 때문이다. 다른 예로, Internet은 [이너넷]처럼 소리 나고, went out과 같은 표현도 [웬타웃]이라고도 하지만 [웨나웃]처럼 발음하기도 한다.

❸ **first wife** [f퍼스와이fㅍ] first의 -st와 wife의 w-가 이어지면서 3개 자음이 연속하게 되었다. 이런 경우, 가운데 자음은 흔히 발음하지 않는다. 따라서 just, last처럼 -st로 끝나는 단어들은 뒤에 자음으로 시작하는 단어가 오면 t는 소리 나지 않는다.

❹ **learned that** [러언ð댓] learned의 -ed[d]와 that의 th-[ð]가 이어지면서 한번에 발음되었다. 영어에서는 비슷하거나 같은 음이 연속하면 한번에 소리 내는 경향이 있음을 잘 알아 두자. 참고로 learned가 형용사로 '박식한'의 의미로 쓰이면 [러니드]로 발음되는 것도 기억해 두자.

❺ **would** [읏/우] could, would, should 등의 조동사는 명료하게 발음되는 경우가 거의 없다. 조동사, 전치사, 관사, 대명사 등 문장의 의미에 그다지 중요한 역할을 하지 않는 요소는 빠르고 약하게 발음된다. 위의 세 단어도 [큿/쿠], [읏/우], [슛/슈] 정도로 스치듯 소리 난다.

CHAPTER ONE : page 12~13

Henry wanted the fortune for his (❶) ( ) ( ). But if he invested his money carefully, he (❷) ( ) enough to provide for them. Unfortunately, Henry suddenly died, unable to complete his plan. At this time, all that was left for his wife and daughters was 10,000 pounds.

Shortly (❸) his death, Henry begged his son John to take care of his stepmother and sisters. John did not have strong feelings for them, but he promised he would make them comfortable. He was not a bad man, but he was selfish and cold-hearted. His wife Fanny was even more selfish and cold-hearted than him.

(❹) ( ) ( ) Henry was buried, Fanny came to Norland Park uninvited. She rudely informed Mrs. Dashwood and her daughters that Norland Park was now hers and that they were her guests. The recently widowed Mrs. Dashwood was terribly offended. She would have left the estate (❺) if her eldest daughter had not begged her to reconsider.

Elinor was the eldest daughter. She possessed (❻) ( ) and common sense. She was only nineteen, but she frequently advised her mother on important matters.

❶ **wife and daughters** [와이f팬더뤄rㅈ] and는 자음으로 끝나는 단어가 앞에 오면 흔히 연음되고, 자음으로 시작하는 단어가 뒤에 오면 and의 -d음은 십중팔구 생략된다. of의 경우도 마찬가지인데, 이렇게 접속사나 전치사는 들을 때 제 음가를 기대하기 힘들다.

❷ **would have** [웃해(ㅂ) / 우대(ㅂ)] have는 발음이 약해져서 [해(ㅂ)], 심지어는 [애(ㅂ)]로 들리기도 한다. had, have 등과 같은 h로 시작하는 조동사와 he, him, her 등 h로 시작하는 대명사는 강세를 받지 못하면서 h음이 종종 탈락된다. 이렇게 탈락 현상이 일어나면 앞의 자음과 흔히 연음된다.

❸ **before** [브f포어] before는 2음절에 강세가 있어, 상대적으로 1음절은 매우 약해진다. before의 be-가 [ə]에서 [ɪ]로 변하기 십상이다. 강세를 받지 못하는 [ə], [e], [i] 등의 음은 종종 [ɪ]로 약화된다.

❹ **As soon as** [애쑤-내ㅈ] as soon에서 as의 -s와 soon의 s-가 이어지면서 한번에 발음된다. 또한 soon as는 연음된다. 이렇게 흔히 쓰이는 표현은 발음을 잘 익혀 두자.

❺ **immediately** [이미디어틀리 / 이미디엇을리] immediately는 발음이 두 가지다. 후자의 경우 -ly을 발음하기 전에 잠시 [웃] 하고 숨을 멈추었다가 콧소리를 내며 이어지는 음을 발음하는 것이다. 예를 들어 gotten도 [가튼]이라고도 하지만 [갓은]처럼 소리 나기도 하는데, 이는 [tn], [tl]음에서 주로 일어나는 현상이다.

❻ **great intelligence** [ㄱ뤠잇 은텔리전ㅅ] great는 '그레이트'가 아니다. 마지막 [t]음이 앞 모음의 받침처럼 발음돼 '잇'처럼 해야 자연스럽다. p, t, k, s, b, d, g 등으로 끝나고 바로 앞에 모음이 있으면, 마지막 음은 앞 모음의 받침처럼 발음한다.

Listening Comprehension

A 다음을 듣고 누구에 대한 설명인지 기호를 쓰세요.

ⓐ Elinor

ⓑ Marianne

ⓒ Edward Ferrars

ⓓ Willoughby

❶ _____ _____

❷ _____ _____

❸ _____ _____

❹ _____ _____

B 다음 문장을 듣고 빈칸을 채우세요.

❶ John received a large _____ from his mother.

❷ Mrs. Dashwood _____ her _____ for his helping Marianne.

❸ They found the Steele sisters _____ and _____.

❹ This meeting _____ her _____ for him.

---

*A*nswers

A ❶ This person was a kind-hearted man with no ambition. – ⓒ
   ❷ This person was beautiful and possessed a great sensibility that made her unable to hide her true feelings. – ⓑ
   ❸ This person was an excellent shooter and the best rider in England. – ⓓ
   ❹ This person was beautiful, kind, intelligent, and had an excellent sense of self-control. – ⓐ

B ❶ inheritance ❷ expressed, gratitude ❸ polite, elegant ❹ increased, dislike

006.MP3

C 다음 질문을 듣고 가장 알맞은 대답을 고르세요.

❶ _____?

(a) Because all of his friends married rich women.

(b) Because his income was small and his debts were great.

(c) Because he wanted to marry a woman with a big house so his horses could have their own bedroom.

❷ _____?

(a) He hunted him down and killed him.

(b) He told the police to arrest Willoughby.

(c) He challenged him to a duel for his dishonor.

D 다음 문장을 듣고 받아쓴 다음, 내용과 맞으면 T, 틀리면 F에 표시하세요.

❶ _____ T F

❷ _____ T F

❸ _____ T F

❹ _____ T F

❺ _____ T F

Answers

C ❶ Why did Willoughby want to marry a rich woman instead of the woman he loved? (b)
❷ What did Colonel Brandon do when he found out Willoughby had seduced and left Eliza? (c)

D ❶ Margaret was the oldest of the Dashwood sisters. (F)　❷ Elinor went walking in the rain, fell down, and hurt her ankle. (F)　❸ Lucy Steele was secretly engaged to Edward Ferrars for four years. (T)　❹ Edward Ferrars' mother was not very happy when she found out about Edward and Lucy's engagement. (T)　❺ At the end of the story, Elinor marries Colonel Brandon, and Marrianne marries Edward Ferrars. (F)

125

전문 번역

[제 1 장] 대시우드 가문 사람들

p. 10-11   대시우드 가문은 여러 대에 걸쳐 영국 남부의 서섹스에서 살았다. 그들은 노어랜드 파크라는 큰 시골 저택을 소유하고 있었다. 가문의 어른은 나이가 지긋한 미혼의 신사인 대시우드 씨였다. 말년에 대시우드 씨는 조카인 헨리 대시우드와 그의 가족을 노어랜드 파크로 이사오도록 초청했다.

헨리 대시우드에겐 첫 부인과의 사이에서 태어난 아들 존과 현재 아내와의 사이에서 태어난 세 딸이 있었다. 존은 어머니에게서 큰 유산을 물려받은 젊은이였다. 자신들의 돈이 거의 없던 여동생들만큼 존에게 노어랜드의 재산은 중요하지 않았다.

대시우드 영감이 세상을 떠났을 때, 헨리는 삼촌이 자신에게 재산을 물려 주진 않았지만, 대신 살아 있는 동안 쓸 수 있게 해 놓았다는 것을 알았다. 헨리가 죽으면 그 유산은 그의 아들 존, 그 다음에는 존의 아들에게 가도록 되어 있었다. 이는 늙은 대시우드 씨가 존의 아들을 특별히 좋아했기 때문이었다. 그러나 친절하게도 그 노인은 헨리의 딸들에게 각각 1천 파운드씩을 남겼다.

p. 12-13   헨리는 아내와 딸들을 위한 재산을 원했다. 그러나 그가 돈을 신중히 투자한다면 그들에게 줄 돈이 충분히 생길 것이다. 불행히도 헨리는 자신의 계획을 완수하지 못하고 갑작스레 세상을 떠났다. 이 무렵 아내와 딸들에게 남겨진 재산은 1만 파운드가 전부였다.

사망 직전에 헨리는 아들 존에게 의붓어머니와 여동생들을 돌봐 달라고 부탁했다. 존은 그들에게 큰 정이 없었지만 그들을 편안하게 해주겠다고 약속했다. 존은 나쁜 사람은 아니었다. 하지만 이기적이고 냉정했다. 그의 아내 패니는 그보다 훨씬 이기적이고 더 냉정했다.

헨리가 땅에 묻히자마자 초대받지도 않은 패니가 노어랜드 파크로 들이닥쳤다. 그녀는 무례하게도 대시우드 부인과 그녀의 딸들에게 노어랜드 파크는 이제 자기 소유이며 그들은 자신의 손님이라고 통보했다.

최근 미망인이 된 대시우드 부인은 감정이 몹시 상했다. 맏딸이 다시 생각해 보라고 애원하지 않았더라면 그녀는 곧바로 그 저택을 떠났을 것이다.

맏딸의 이름은 엘리너였다. 그녀는 아주 똑똑하고 지각 있는 여자였다. 그녀는 겨우 열아홉 살이었지만 종종 중요한 문제에 대해 어머니에게 조언을 했다.

p. 14-15   엘리너는 자제력이 아주 뛰어났지만, 그녀의 어머니와 동생 메리앤에게는 그것이 부족했다.

엘리너처럼 메리앤도 너그럽고 영리하고 섬세했다. 하지만 그녀는 감정이 격했고 그것을 감추지 못했다. 그녀는 어머니와 아주 닮았다.

막내 동생 마가렛은 귀여운 열세 살 소녀였다. 그녀는 메리앤처럼 감성이 풍부했지만 그녀처럼 똑똑하지는 못했다.

어느 날 존 대시우드는 아내에게 죽어가던 아버지에게 했던 약속을 상기시키면서 여동생들에게 각각 1천 파운드씩을 주고 싶다고 말했다. 그러나 패니는 이런 선물에 반대했다.

"우리 아들이 앞으로 받게 될 유산 중에서 3천 파운드를 떼어가려 하는군요."라고 그녀가 말했다. "그리고 당신은 그들과 피가 반밖에 섞이지 않았잖아요. 그들은 거의 당신의 동생들이라고도

할 수 없어요."

"그들이 노어랜드를 떠나 새 집으로 갈 때 그들을 위해 뭔가를 해줘야 해. 어쩌면 각각 500파운드씩은 줘야 할 거야."라고 존은 대답했다.

"그건 너무 많아요."라고 패니는 주장했다. "당신은 너무 너그러워요. 하지만 내 생각엔 그들은 아버님이 남겨 준 1만 파운드면 아주 편안하게 살 수 있을 것 같아요."

"그건 맞는 말이오."라고 존은 대답했다. "그럼 해마다 의붓어머니에게 1백 파운드씩을 주는 건 어떨까?"

p. 16-17 "그것도 좋지요. 하지만 아버님의 뜻은 그들에게 돈을 주라는 게 전혀 아니라고 생각해요."라고 패니는 대답했다. "아버님은 당신이 그들에게 작고 살기 편안한 집을 찾아 주고, 이사하는 걸 도와주고, 가끔 생선이나 고기 바구니를 보내 주길 원하신 것 같아요. 그들은 마차나 말은 필요 없고 하인 한두 명만 있으면 돼요. 그들에게 그 이상을 주는 건 바보 같은 짓이에요."

"당신이 전적으로 옳은 것 같소. 이제 난 아버지가 의도하신 바를 알겠소." 하고 그가 말했다. 그는 아내가 제안한 도움만 주기로 마음먹었다.

한편, 헨리의 미망인인 대시우드 부인은 가능한 한 빨리 노어랜드를 떠나고 싶었다. 대시우드 부인은 며느리를 몹시 싫어하게 되었다. 그녀가 노어랜드에 머물고 있는 유일한 이유는 맏딸 엘리너가 패니의 남동생인 에드워드 페라스와 돈독한 관계를 형성했기 때문이었다.

에드워드의 아버지는 세상을 떠났고 큰 돈을 남겼다. 그러나 에드워드가 많은 유산을 받게 될지는 확실치 않았다. 그것은 그의 어머니 마음에 달렸다. 그러나 대시우드 부인은 그의 돈에 관심이 없었다. 그와 그녀의 딸은 서로를 사랑하는 것 같았다.

p. 18-19 에드워드 페라스가 잘생기거나 특별히 신사다운 건 아니었다. 그는 마음씨가 착하고 수줍음이 많은 사람이었다. 그의 어머니와 누나는 그가 사회에서 큰 인물이 되길 바랐다. 하지만 그는 야망이 없었다. 그가 원하는 것은 안락함과 조용한 사생활뿐이었다. (그런 면에서는) 동생 로버트가 가능성이 더 컸다.

"에드워드와 엘리너가 몇 달 후에 결혼하게 될지도 몰라." 하고 대시우드 부인은 메리앤에게 말했다. "너는 에드워드가 마음에 들지 않니?"

"그의 눈에는 열정이 없어요. 책이나 음악에도 별 취미가 없는 것 같고요. 아, 제가 진정으로 사랑할 수 있는 남자를 어떻게 찾아낼까요?"라고 메리앤은 걱정했다.

"너는 겨우 열일곱이잖니."라고 대시우드 부인은 웃으며 말했다. "희망을 잃기엔 너무 이르단다."

엘리너는 에드워드를 아주 좋게 평가하고 있었다. 그러나 그와 결혼하고 싶은지는 확신이 서지 않았다. 그는 종종 이상할 정도로 우울해 보였다. 그리고 그녀는 그가 자신을 친구로만 생각할까봐 두려웠다.

하지만 메리앤과 어머니는 그런 의심을 하지 않았다. 그들은 사랑이 모든 문제를 해결할 수 있다고 믿었다. 언니가 에드워드에 대한 감정이 사랑보다는 존경이라고 설명했을 때 메리앤은 그것이 끔찍하다고 생각했다. "그를 좋아해? 그를 존경해? 아, 냉정한 엘리너! 왜 언니는 자기 사랑을 표현하는 걸 부끄러워하는 거지?"

p. 20-21 패니도 남동생과 엘리너 사이의 애정을 눈치챘다. 그것이 그녀를 불안하게 만들었다. 그녀는 시어머니인 대시우드 부인에게 이렇게 말했다. "제 어머니와 저는 에드워드가 결혼을 잘하길 바라고 있어요. 엘리너가 에드워드를 자신과 결혼하도록 옭아매려 하는 것은 위험한 짓이 될 거예요."

이 말에 대시우드 부인은 몹시 화가 났다. 그녀는 딸들과 함께 곧바로 노어랜드를 떠나야 한다고 결심했다.

바로 그날, 그녀는 존 미들턴 경이라는 먼 친척에게서 편지 한 통을 받았다. 그녀에게 데본셔에 위치한 자신의 저택 부근에 있는 작은 집을 제공하겠다는 내용이었다. 그의 편지가 너무나 환영하는 어조여서 대시우드 부인은 곧 그의 제안을 수락하는 편지를 썼다.

대시우드 부인은 존과 패니에게 자신과 딸들이 노어랜드를 떠나 데본셔에서 살게 되었다는 소식을 전하게 된 것이 기뻤다. 그때 그 방에 있던 에드워드 페라스는 재빨리 그녀 쪽으로 몸을 돌리더니 이렇게 말했다. "데본셔! 그곳은 여기서 너무 멀어요."

"물론이야. 우린 엑세터라는 도시에서 4마일 떨어진 곳에 있는 바튼으로 갈 거네. 그곳은 작은 집에 불과하지만, 모두 그곳으로 우리를 방문해 주길 바라." 하고 그녀가 대답했다.

에드워드에 대한 대시우드 부인의 초대는 아주 다정했다. 왜냐하면 그와 엘리너의 사이를 방해하고 싶지 않았기 때문이다.

p. 22-23 바튼 카티지에는 가구가 갖춰져 있었고 그들이 곧 이사를 할 수 있도록 준비가 다 되어 있었다. 엘리너는 어머니에게 마차와 말을 팔고 하인 세 명만 두자고 권유했다.

임종 때 헨리는 아내에게 존이 그녀와 딸들을 돌봐 주겠다는 약속을 했다고 말했다. 그러나 그들이 떠날 때 존은 어떤 도움도 주지 않으려는 것 같았다. 실제로 그들은 존이 돈에 대해 불평하고 자신도 어떻게 더 많은 돈이 필요한지 말하는 소리를 들었다.

세 자매는 정든 집 노어랜드에 작별인사를 하며 눈물을 흘렸다. "사랑하는 노어랜드. 평생 너를 그리워할 거야!"라고 마지막 날 저녁 저택을 홀로 걸으며 메리앤은 말했다.

데본셔로 가는 동안 세 자매는 너무 비참한 나머지 여행이 즐겁지 않았다. 그러나 바튼 계곡으로 들어섰을 때 그들은 좀더 쾌활해졌다. 그들은 자신들이 살게 될 지역을 주의 깊게 보았다. 바튼 계곡은 울창한 숲, 맑은 시내, 그리고 넓고 탁 트인 들판으로 이루어져 있었다.

바튼 카티지는 상태가 매우 양호했다. 두 개의 응접실, 4개의 침실, 2개의 하인방이 있었다. 노어랜드보다 훨씬 작고 허름했지만, 딸들은 행복해지려고 최선의 노력을 다했다.

p. 24-25 다음날 대시우드 가족은 집주인인 존 미들턴 경의 방문을 받았다. 그는 잘생기고 쾌활한 남자였다. 그는 그들을 환영했고 자신의 집과 정원에 있는 건 무엇이든 마음껏 쓰라고 했다. 그의 집은 바튼 파크라고 불렸다. 그는 그들을 가능한 한 편안하게 해주려고 애썼고, 곧 자신의 가족을 방문해 주길 희망한다고 말했다.

다음날 그들은 바튼 파크로 저녁식사를 하러 갔다. 그 저택은 그들의 집에서 반 마일 가량 떨어져 있었다. 그곳은 미들턴 가족이 매우 안락하게 생활하고 있는 크고 웅장한 집이었다. 존 경은 사격을 즐기는 스포츠맨인 반면에, 미들턴 부인은 아이들을 버릇없게 키우는 엄마였다.

존 경은 손님 접대를 잘하는 사람이었고, 그들 집에는 늘 친척이나 친구들이 머물렀다. 떠들썩

하고 젊은이들이 많을수록 더 좋았다. 바튼 파크는 여름 파티와 겨울 무도회로 유명했다.

대시우드 가족이 저녁식사를 하러 도착한 그날 밤 존 경은 그들과 어울릴 만한 잘생긴 젊은 남자 손님이 없다며 사과했다. 손님이라고는 그 집에 머물고 있던 친구 브랜든 대령과 존 경의 장모인 제닝스 부인뿐이었다.

p. 26-27 제닝스 부인은 뚱뚱하고 유쾌한 노부인으로 수다스럽고 웃음이 많았다. 브랜든 대령은 조용하고 진지한 미남이었다. 엘리너와 메리앤은 그가 서른다섯이 넘은 노총각이라는 걸 알아챘다.

저녁식사 후에 메리앤은 노래를 부르며 피아노를 쳤다. 존 경이 그 음악을 듣는 즐거움을 요란하게 표현하는 한편, 브랜든 대령은 잠자코 음악에 귀를 기울였다.

제닝스 부인은 재산이 넉넉한 미망인이었다. 그녀는 두 딸을 모두 훌륭하게 결혼시켰으며, 지금은 다른 사람들을 결혼시키는 일보다 더 좋은 일이 없었다. 그녀는 젊은이들을 서로 짝지어주고 그들의 결혼식을 계획하는 데 많은 시간을 할애했다.

제닝스 부인은 미들턴 부부와 대시우드 가족에게 브랜든 대령이 메리앤에게 푹 빠져 있다고 알려 주었다. 그녀는 그것이 멋진 결혼이 될 거라고 생각했다. 왜냐하면 그는 부자였고, 메리앤은 아름다웠기 때문이다.

"제닝스 부인이 그렇게 말하다니 정말 잔인해요."라고 메리앤은 말했다. "브랜든 대령은 우리 아버지라고 할 수 있을 정도로 나이가 많다고요!"

"하지만 나보다 다섯 살 어린 남자를 네 말처럼 그렇게 늙었다고 생각할 수는 없구나."라고 대시우드 부인은 말했다.

"하지만 그분이 허리가 아프다고 불평하는 걸 듣지 못했어요?"라고 메리앤은 말했다.

p. 28-29 "얘야."라고 대시우드 부인은 웃으며 말했다. "내가 마흔 살이라는 노령의 나이까지 살았다는 게 너에게는 깜짝 놀랄 일이겠구나. 35세라는 나이는 결혼과 아무 상관이 없단다. 예를 들어서 스물일곱 살 먹은 여자는 브랜든 대령 나이의 남자와 결혼하는 걸 쉽게 생각해 볼 수 있을 거야."

"자기 집이 불편하고 재산이 별로 없는 스물일곱 살의 여자라면 그의 간병인이 되는 걸 생각해 볼 수 있겠지요. 그것은 편의를 위한 결혼일 거예요."

"브랜든 대령이 춥고 습한 날에 어깨가 아프다고 투덜댔다고 해서 간호가 필요하다고 말하는 건 좀 심한 것 같아."라고 엘리너는 말했다.

하지만 대령에 대한 메리앤의 생각은 변하지 않았다. 엘리너가 방을 나간 후에 메리앤은 말했다. "어머니, 저는 에드워드 페라스가 걱정돼요. 그가 아픈 건지 걱정이에요. 우리가 이곳에 온 지 2주가 지났는데도 엘리너를 보러 오지 않았잖아요."

"좀 기다려 봐, 얘야."라고 대시우드 부인은 대답했다. "나는 그가 그렇게 빨리 올 거라고 생각하지 않는단다. 그리고 엘리너도 그렇게 생각하고 있어."

"정말 이상해요. 그들의 마지막 작별인사가 얼마나 차갑고 침착하던지! 엘리너는 너무 자제력이 강해서 슬퍼하거나 불안해하거나 비참해하지 않아요. 전 언니를 이해할 수 없어요."

[제 2 장] 잘생긴 이방인

p. 32-33 마침내 대시우드 자매들은 바튼 카티지에서 편안함을 느끼기 시작했다. 그들은 아버지가 세상을 떠난 후 처음으로 즐겁게 산책을 하고 음악연주 연습을 했다. 그들을 방문하는 사람은 많지 않았고, 걸어서 갈 수 있는 거리엔 다른 집이 거의 없었다. 가까이 있는 유일한 집은 1마일 가량 떨어진 곳에 있는 앨런햄이라는 대저택이었다. 그들은 집주인이 늙은 스미스 부인이라는 얘기를 들었다. 그녀는 방문객을 맞을 만큼 몸이 좋지 않았다.

어느 날, 비가 올 거라는 엘리너의 경고에도 불구하고 메리앤과 마가렛은 집 뒤에 있는 언덕으로 올라갔다. 언덕 꼭대기에서 그들은 파란 하늘과 흰 구름을 보며 즐거워했다. 그들은 바람에 머리카락이 흩날리자 웃음을 터뜨렸고 메리앤은 이렇게 소리쳤다. "이곳은 세상에서 가장 멋진 곳이야!"

그러나 몇 분 후 검은 구름이 몰려왔고 비가 쏟아졌다. 두 소녀는 가능한 한 빨리 언덕을 뛰어 내려갔다. 마가렛은 앞서가서 메리앤이 미끄러져 넘어지는 것을 보지 못했.

이때 사냥을 나온 한 신사가 그녀의 사고를 목격하고 그녀를 도우러 달려왔다. 그녀는 발목이 삐어서 일어설 수가 없었다. 그 신사는 그녀를 바튼 카티지로 안고 갔다. 그곳에서 그는 그녀를 소파 위에 내려놓았다.

p. 34-35 낯선 사람이 메리앤을 안고 집으로 들어오자 엘리너와 어머니는 깜짝 놀랐다. 두 사람은 모두 그의 잘생긴 외모를 알아차렸다. 그는 무례하게 들어온 것을 사과했고, 대시우드 부인은 메리앤을 도와준 것에 감사를 표했다.

그녀는 그의 이름을 물었다. 그는 윌로비였다. 그는 현재 앨런햄에서 살고 있었다. 그는 내일 메리앤을 살펴보러 그들을 방문하겠다고 말했다. 대시우드 부인은 그가 집에 오는 건 언제나 환영이라고 말했다. 그런 다음 그는 퍼붓는 빗속으로 떠났다.

엘리너와 어머니는 그 남자를 칭찬했지만, 메리앤은 자신의 상태 때문에 그를 거의 보지 못했다. 그녀는 자신을 구해 준 영웅을 너무 열심히 상상해서 다친 발목의 통증도 느끼지 못했다.

존 경이 방문했을 때 그들은 앨런햄의 윌로비를 아는지 물었다.

"윌로비요! 물론이죠!"라고 그는 외쳤다. "그는 해마다 우리를 방문하죠. 목요일 저녁식사에 그를 초대할 겁니다."

"그는 어떤 사람이죠?"라고 대시우드 부인이 물었다.

"아주 좋은 사람이에요. 총도 잘 쏘고 영국에서 가장 뛰어난 기수랍니다."

그들은 보다 사적인 부분에 대해 물었다. 존 경은 데본셔에는 윌로비의 집이 없다고 말했다. 그는 이곳을 방문할 때면 친척인 앨런햄의 스미스 부인 집에 머물렀다. 그는 윌로비가 아마도 그 노부인의 재산을 물려받게 될 거라는 얘기도 했다.

p. 36-37 메리앤을 구해준 그 남자가 다음날 아침 찾아왔다. 윌로비는 대시우드 가족과 있는 것이 아주 편안해졌다. 메리앤의 눈에 담긴 열정이 그를 끌어당기는 듯했다. 두 사람은 여러 가지 관심사가 같았고 부끄러워하지 않고 얘기를 나누었다. 그의 방문이 끝날 무렵 두 사람은 오랜 친구처럼 얘기를 나누었다.

그 후로 윌로비는 매일 바튼 카티지을 방문했다. 처음에 그는 메리앤의

132

건강을 걱정하는 척했다. 그러나 곧 가식을 거두었고 메리앤과 함께 있는 시간을 드러내놓고 즐겼다. 그들은 함께 책을 읽고 노래를 부르고 얘기를 나눴다.

메리앤은 윌로비가 에드워드 페라스에게는 없는 감각과 취향을 지녔다고 생각했다. 곧 그녀는 그가 자신에게 완벽하다고 믿게 되었다. 윌로비도 똑같이 느끼고 있는 것처럼 보였다. 대시우드 부인은 속으로 멋진 미래의 사위를 얻게 되었다고 기뻐했다.

한편, 엘리너는 메리앤의 애정을 두고 25세의 젊은 남자와 경쟁이 안 되는 브랜든 대령이 가엾기 시작했다. 메리앤과 윌로비가 브랜든을 비웃으며 즐거워하는 것이 엘리너의 마음을 불편하게 만들었다.

엘리너는 그리 행복하지 않았다. 그녀는 서섹스에 있는 친구들 생각을 잊게 해줄 만한 벗을 찾지 못했다. 그녀가 얘기를 나눌 수 있는 유일한 사람은 브랜든 대령뿐이었다. 하지만 그는 메리앤에 대해 얘기하는 걸 좋아했다.

p. 38-39 "당신 여동생은 또 한 번의 애정을 좋아하지 않는 것 같아요."라고 브랜든이 말했다.

"그 아이의 의견은 모두 공상적이에요. 그 애는 우리가 평생에 단 한 번만 사랑에 빠진다고 믿고 있어요. 저는 그 애가 좀더 분별력이 생기길 바라요."

"그렇게 되겠지요." 하고 그는 말을 이었다. "예전에 젊은 여자 하나를 알고 있었는데…"

그는 자기가 너무 말이 많다고 생각했는지 갑자기 입을 다물었다. 엘리너는 그의 이야기가 못 이룬 사랑에 관한 것이라고 확신했다. 그에 대한 그녀의 연민은 점점 커져갔다.

다음날 마가렛은 엘리너에게 말했다. "나 비밀이 하나 있어! 어젯밤에 윌로비가 메리앤 언니에게 머리 타래를 달라고 간청하는 걸 봤어. 메리앤 언니가 머리카락을 잘라서 그에게 줬다니까. 그는 그 머리카락에 입을 맞추고는 호주머니에 넣었어."

엘리너는 두 사람이 비밀리에 약혼을 했다고 짐작했다. 그녀는 그들이 누구에게도 얘기하지 않아서 놀랐다.

다음날 존 경은 브랜든 대령의 매형이 소유한 위트웰이라는 저택으로 모두를 데리고 소풍 갈 계획을 세웠다. 대규모의 사람들이 피크닉 점심을 싸고 떠날 준비를 했다.

p. 40-41 그러나 그 사람들이 아침을 먹을 때, 대령에게 편지 한 통이 도착했다. 그는 편지를 보고는 사람들에게 급한 용무가 생겼다고 설명했다. 소풍은 취소되었다. 그들은 그 일을 미루라고 그를 설득하려 했지만, 그는 그러려고 하지 않았다.

브랜든이 떠난 후 그들은 그 지역에서 말을 타기로 했다. 메리앤은 윌로비의 마차에 올랐고, 그 날 내내 두 사람은 보이지 않았다.

다음날 아침 대시우드 부인은 두 딸과 함께 미들턴 부인을 방문하러 갔다. 메리앤은 윌로비가 방문할 것이기 때문에 집에 있었다.

대시우드 부인과 딸들은 집에 돌아왔을 때 윌로비의 마차가 집 앞에 서 있는 것을 보고 놀라지 않았다. 그들이 안으로 들어가자, 메리앤이 걷잡을 수 없이 흐느껴 울며 거실 밖으로 뛰쳐나와 이층으로 뛰어올라갔다.

대시우드 부인은 윌로비에게 물었다. "저 아이가 아픈가요?"

"아닙니다."라고 그는 즐거운 표정을 지으려고 애쓰면서 대답했다. "하지만 안 좋은 소식이 있어요. 제 사촌인 스미스 부인이 일 때문에 저를 런던에 보내기로 하셨어요. 그래서 더 이상 찾아오지 못할 겁니다. 저는 가난하기 때문에 스미스 부인에게 의지하고 있어요. 그녀가 요구하는 대로 해야 한답니다. 그래서 작별인사를 하러 온 겁니다."

p. 42-43 "그렇군요. 오래 걸리지 않길 바라요."라고 대시우드 부인은 말했다.

"올해는 돌아오지 못할 것 같습니다."라고 그는 얼굴을 붉히며 대답했다.

대시우드 부인은 놀라서 엘리너를 쳐다보았다. 엘리너도 무척 놀랐다. 윌로비는 작별인사를 하고는 서둘러 밖에 있는 마차로 갔다. 그리고는 떠나버렸다. 엘리너는 동생이 걱정스러웠다. 그녀의 감정적인 성격이 괴로움을 부추길 것이다.

나중에 대시우드 부인은 엘리너에게 스미스 부인이 윌로비가 메리앤과 약혼하는 걸 찬성하지 않기 때문에 아마도 그를 보내 버렸을 거라고 말했다.

"그는 가능한 한 빨리 바튼으로 돌아올 거야."

"왜 그들은 우리에게 약혼 사실을 숨기려 했을까요?"라고 엘리너가 물었다.

"얘야. 네가 윌로비와 메리앤이 감정을 숨겼다고 탓하다니 이상하구나. 예전에는 그들이 너무 공공연하게 감정을 드러낸다고 비난했었잖니! 너는 그가 메리앤에게 좋은 의도보다 나쁜 의도를 갖고 있다고 믿고 싶은 거니?"라고 그녀의 어머니는 꾸짖었다.

"그렇지 않길 바라요."라고 엘리너가 말했다. "오늘 아침 그의 이상한 행동에 대해 명쾌한 설명이 있길 바랄 뿐이에요."

저녁식사 시간까지 아무도 메리앤을 보지 못했다. 식탁에서 그녀는 너무 속상한 나머지 음식을 먹거나 그 누구도 쳐다볼 수가 없었다. 그리고 누가 윌로비와 연관된 얘기를 꺼내면 울음을 터뜨렸다.

p. 44-45 시간이 지나면서 메리앤의 상태는 점점 나빠졌다. 일주일 후에 언니와 동생은 그녀에게 산책을 가자고 했다. 산책을 하는 동안 그들은 자기들 쪽으로 마차를 타고 오는 신사를 보았.

"윌로비야! 그라는 걸 알 수 있어!"라고 메리앤은 소리쳤다. 그녀는 마차를 향해 달려갔다.

그 사람은 윌로비가 아니라 에드워드 페라스였다. 윌로비가 아님을 메리앤이 용서할 수 있는 세상에서 유일한 사람이었다. 그녀는 멈춰 서서 눈물을 참으며 미소를 지었다. 에드워드와 엘리너가 인사를 나눌 때, 메리앤은 두 사람의 예의 바르지만 서먹한 행동을 눈치챘다.

그들이 집으로 돌아왔을 때 대시우드 부인은 에드워드를 따뜻하게 맞았다.

"그런데 에드워드, 요즘 자네에 대한 자네 어머니의 계획은 뭐지? 여전히 자네가 정치인이 되길 바라시나?"

"아뇨."라고 에드워드는 대답했다. "어머니는 제가 결코 그 일을 할 수 없다는 걸 알고 계세요. 우린 제 직업에 대해 의견의 일치를 보지 못할 거예요. 저는 항상 교회를 위해 일하고 싶었어요. 하지만 그건 제 가족에게 너무나 평범하죠."

"나는 자네가 야망이 없다는 걸 알고 있어, 에드워드."라고 대시우드 부인은 말했다.

"네, 맞아요. 저는 다른 사람들처럼 되고 싶어요. 제 방식대로 완벽하게 행복해지고 싶습니다. 출세가 저를 행복하게 만들진 못할 거예요."

"당신 말이 맞아요!"라고 메리앤이 말했다. "재산이나 출세가 행복과 무슨 상관이죠?"

"출세는 별로 상관이 없을지 몰라도 재산은 큰 상관이 있지."라고 엘리너는 말했다.

p. 46-47 "엘리너!" 메리앤이 소리쳤다. "돈은 행복을 줄 만한 것이 아무것도 없을 때에만 행복을 주는 거야. 우리의 기본적인 욕구를 해결할 수 있는 것 이상으로는 전혀 쓸모가 없다구."

"너의 기본적인 욕구에 필요한 돈은 얼마지?"라고 엘리너가 물었다.

"일 년에 2천 파운드."라고 메리앤이 대답했다. "그 이상은 아니야."

엘리너는 웃으며 이렇게 말했다. "2천 파운드라! 일 년에 천 파운드만 되도 내게는 큰돈일 거야."

"한 가족이 일 년에 2천 파운드 미만의 돈으로 살 수는 없어."라고 메리앤이 말했다. "탈 마차와 말들에다 하인들을 충분히 두려면 그만한 돈이 든다고."

엘리너는 동생이 윌로비와의 미래를 묘사하는 것을 들으며 미소를 지었다.

에드워드가 방문한 동안 엘리너는 예전과 다름없이 정중함과 관심을 표현했다. 그러나 그녀는 자신에 대한 그의 냉정함에 놀랐다. 그는 분명 기분이 안 좋았고, 그녀는 그가 여전히 자신을 사랑하는지 의심했다. 그녀는 그가 혼란스러워 하고 있다는 것을 알 수 있었다.

다음날 차를 마시는 동안 메리앤은 에드워드의 손가락에 끼워진 반지를 발견했다. "전에 본 적이 없는 거네요, 에드워드. 그 반지 속에 누나의 머리카락이 들어 있는 건가요?"

에드워드는 얼굴이 새빨개지면서 재빨리 엘리너를 보며 대답했다. "네, 그건 패니의 머리카락이에요. 실제보다 옅어 보이지요."

엘리너는 그녀가 모르는 사이에 그가 자기 머리카락을 가져간 거라고 확신했다.

[제 3 장] 비밀

p. 50-51 존 경이 사는 바튼 파크에 이내 더 많은 방문객들이 찾아왔다. 그는 최근에 스틸이라는 성을 가진 두 명의 젊은 여성을 만났다. 그들은 그의 먼 사촌이었다. 그는 그들을 초대했고 그들은 곧바로 응했다.

대시우드 자매는 존 경의 새로운 손님들을 만나러 바튼 파크로 갔다. 그들은 스틸 자매가 예의 바르고 우아하다는 것을 알았다. 언니 앤은 아주 수수해 보였지만, 동생 루시는 아름다운 스물셋의 숙녀였다.

"대시우드 양, 데본셔가 마음에 드세요?"라고 언니가 물었다. "아름다운 노어랜드를 떠나게 돼서 분명 아쉬우셨을 거예요."

엘리너는 스틸 자매가 자신의 가족에 대해 알고 있다는 사실에 놀랐다.

"네, 노어랜드는 아름다운 곳이지요."

"거기엔 잘생긴 총각들이 많았을 거예요." 앤이 덧붙였다.

"맙소사, 앤, 언니가 생각하고 얘기하는 건 남자뿐이라니까!" 하고 루시가 외쳤다.

엘리너는 그 만남이 끝나자 기뻤다. 그녀는 언니 스틸의 대화는 너무 천박하고, 동생 루시는 자기 취향에 비해 너무 영악하다고 생각했다. 스틸 자매는 다르게 생각했고, 곧 그 젊은 숙녀들은 매일 한두 시간씩 함께 어울렸다.

p. 52-53   존 경은 스틸 자매에게 대시우드 가족의 생활에 대해 모든 걸 얘기해 주었다. 어느 날 앤 스틸이 엘리너에게 아주 멋진 젊은이와 메리앤이 약혼한 것을 축하해 주었다. 그러더니 스틸 자매는 엘리너에게 존 경이 에드워드와 그녀의 수상쩍은 애정 관계에 대해 얘기해 주었다고 말했다.

"그의 이름은 페라스야."라고 존 경이 속삭였다. "하지만 그건 중요한 비밀이란다!"

"페라스 씨라고요!" 앤 스틸이 그의 이름을 반복해 말했다. "당신 올케의 남동생말인가요? 그는 아주 상냥한 청년이지요. 우린 그를 잘 알고 있어요."

"앤, 어떻게 그렇게 말할 수 있어?"라고 루시가 소리쳤다. 그녀는 항상 언니가 하는 모든 얘기를 바로잡아 주었다. "우린 그를 삼촌 집에서 한두 번 봤을 뿐이잖아."

엘리너는 충격을 받았다. 그녀는 그들의 삼촌이 누구이며 그들이 에드워드를 어떻게 아는지 알고 싶었다. 그러나 그녀는 묻지 않았다.

그 후 며칠 동안 루시는 엘리너와 얘기를 나눌 수 있는 모든 기회를 놓치지 않았다. 그녀는 영리하고 유머 있는 친구였지만, 엘리너는 그녀가 교양이 부족한 것을 측은하게 생각했다. 그녀는 루시의 말과 행동 뒤에 숨은 위선적이고 부정직하고 이기적인 모습을 싫어했다.

엘리너와 루시가 단둘이 산책하는 동안 루시가 물었다. "이상한 질문이라 생각할지 모르지만, 당신 올케의 어머니인 페라스 부인을 아세요?"

p. 54-55   엘리너는 그 질문이 이상하게 느껴졌다. "그분을 만나 본 적이 없어요."라고 그녀는 차갑게 말했다.

"그렇다면 그분이 어떤 사람이라고 말하지 못하겠군요?"라고 루시가 물었다.

"네." 엘리너는 에드워드의 어머니에 대한 자신의 진짜 의견을 감추며 분명하게 말했다. "그분에 대해선 아무것도 몰라요."

그러자 루시는 엘리너를 바라보았다. "당신에게 저의 힘든 처지에 대해 얘기할 수 있다면 좋으련만."

"글쎄요, 당신을 도울 수 있으면 좋겠지만 저는 페라스 부인을 몰라요."

"페라스 부인은 저에 대해 아무것도 모르고 있어요."라고 루시는 엘리너를 곁눈질로 수줍게 힐끗 바라보며 말했다. "하지만 우린 곧 가까운 관계가 될 거예요."

"어머! 그러니까 로버트 페라스와 맺어진다는 뜻인가요?" 엘리너가 외쳤다.

그녀는 루시가 자신의 동서가 된다는 생각이 싫었다.

"아뇨, 로버트가 아니에요. 저는 그를 한 번도 만나 본 적이 없어요. 제가 말하는 건 그의 형 에드워드예요." 루시가 대답했다.

엘리너는 충격으로 할 말을 잃었다.

"놀라셨을 거예요. 왜냐하면 그는 우리의 관계에 대해 당신 가족에게 말한 적이 없으니까요. 내가 당신에게 우리의 비밀을 말했다고 해서 에드워드가 화내진 않을 거라고 생각해요. 그는 당신을 아주 신뢰하고 있죠. 그리고 당신과 당신 자매들을 거의 여동생처럼 생각하고 있어요."라고 루시가 말했다.

엘리너는 침착하려고 애썼다. "두 분이 약혼한 지 얼마나 됐는지 물어 봐도 될까요?"

"이제 4년 됐어요."라고 그녀는 대답했다.

엘리너는 그 얘기를 믿을 수가 없었다.

p. 56-57 "우린 에드워드가 법학을 공부하는 동안 이곳 데본셔에서 만났어요."라고 루시는 말했다. "저는 그의 어머니의 승낙 없이 약혼하고 싶지 않았어요. 하지만 저는 어렸고 그를 너무 사랑했어요. 아, 사랑스런 에드워드. 보세요. 저는 어디든지 그의 그림을 가지고 다녀요."

그녀는 주머니에서 에드워드의 작은 초상을 꺼내 엘리너에게 보여주었다. 그녀의 심장이 내려앉았다.

"제 고통을 상상할 수 없을 거예요." 그녀가 말을 이었다. "우린 그렇게 자주 만나지 못해요."

그녀는 손을 눈으로 가져갔다. 엘리너는 전혀 동정심을 느끼지 못했다.

"때론 약혼을 깰까 하는 생각을 하기도 해요."라고 루시는 계속 말했다. "하지만 그의 마음을 아프게 하는 건 견딜 수가 없었어요. 어떻게 생각하세요?"

"스스로 결정하셔야죠."라고 엘리너는 말했다.

"가엾은 에드워드는 제 그림조차 갖고 있지 않아요."라고 루시는 계속 말을 이었다. "하지만 그에게 제 머리 타래가 담긴 반지를 보냈어요. 최근에 그가 당신을 방문했을 때 그걸 끼고 있는 걸 봤나요?"

"네, 봤어요."라고 엘리너는 대답했다. 그녀의 차분한 목소리는 엄청난 슬픔을 감춰 주었다. 그녀는 충격을 받았고 혼란스러웠으며 비참했다.

그들의 대화는 끝이 났고, 엘리너는 에드워드가 여전히 자신을 좋아하고 있다고 확신했다. 그녀는 그가 자신을 사랑하고 있으며 결코 의도적으로 자신을 속인 건 아닐 거라고 생각했다. 에드워드는 아름답지만 위선적이고 천박하고 이기적인 여자의 덫에 걸린 것이다. 그녀의 관심은 그가 받게 될 미래의 수입에 있을 뿐이었다.

p. 58-59 엘리너는 자신의 불행을 감추는 데 아주 조심스러웠다. 그녀는 가족에게 에드워드에 대해 좋지 않은 소식을 전할 경우, 그들의 슬픔이 자신의 슬픔을 가중시킬 뿐임을 알고 있었다.

그녀는 여러 차례 루시와 두 사람의 상황에 대해 살짝 얘기를 나누었다. 엘리너는 루시가 에드워드가 약혼 상태를 계속 유지하게 둘 계획이라는 걸 알았다. 그녀는 에드워드가 엘리너를 대단히 존중하고 있는 것에 질투심을 느꼈다. 엘리너에게 에드워드에게서 떨어지라고 경고하는 게 아니고서야 왜 자신의 비밀을 털어놓으려 했겠는가?

엘리너를 가장 슬프게 한 건 에드워드가 미래의 아내를 사랑하지 않는다는 걸 자신이 알고 있다는 것이었다. 그에겐 행복한 결혼생활을 할 가망성이 없었다.

☆　　☆　　☆　　☆　　☆　　☆

런던 저택으로 돌아갈 계획을 하고 있던 제닝스 부인이 엘리너와 메리앤을 초대해서 두 사람을 깜짝 놀래켰다.

"함께 가야 해요."라고 그녀는 대시우드 자매에게 말했다. "나는 처녀들에게 남편감 찾아 주는 데 일가견이 있는 사람이에요. 만약에 내가 적어도 둘 중 한 사람을 결혼시키지 못한다면, 그건 내

탓이 아닐 거예요!"
 엘리너는 거절하고 싶었다. 그녀는 런던에서 에드워드와 루시 스틸을 마주칠까봐 두려웠다. 그러나 메리앤은 아직도 런던에 있는 윌로비를 만날 수 있는 기회 때문에 흥분했다. 대시우드 부인은 그들에게 그 초대를 받아들이라고 종용했다.

p. 60-61 엘리너와 메리앤은 제닝스 부인의 호화로운 런던 저택에 있는 자신들의 방에 도착하자, 편지를 쓰기 위해 펜과 종이를 꺼냈다.
 "집에 계신 어머니에게 편지를 쓸 거야."라고 엘리너는 메리앤에게 말했다. "너는 며칠 미루도록 해라."
 "난 어머니께 편지 쓰는 게 아니야."라고 메리앤이 대답했다.
 엘리너는 동생이 윌로비에게 편지를 쓰고 있다는 걸 알았다. 메리앤은 저녁 내내 초조했다. 그녀는 거의 아무것도 먹지 못했고, 지나가는 모든 마차 소리에 열심히 귀를 기울였다. 저녁식사가 끝난 후 노크 소리가 들렸다. 메리앤은 자리에서 벌떡 일어나더니 소리쳤다. "윌로비일 거야!"
 그녀는 문으로 달려갔다가 브랜든 대령의 품에 안길 뻔했다. 충격이 너무 커서 그녀는 침착함을 유지할 수 없었다. 그녀는 방을 나가 버렸고 엘리너가 대령을 맞이했다. 엘리너는 동생에게 푹 빠진 그 남자를 보게 돼서 마음이 좋지 않았다. 그는 메리앤이 자신을 보고 몹시 실망하는 모습만 보았을 뿐이기 때문이었다.
 대령이 물었다. "메리앤이 어디 아픈가요?"
 엘리너는 피곤하고 두통이 있다고 몇 가지 핑계를 댔다. 제닝스 부인이 기분 좋게 방으로 들어와서 대령에게 어디에 있었는지 물었다.
 대령은 정중하게 대답했지만 명확한 대답은 하지 않았다. 그는 곧 그 집을 떠났고, 여자들은 모두 일찍 잠자리에 들었다.

p. 62-63 다음날 메리앤은 유쾌하게 윌로비를 만나길 바라고 있었다. 그녀는 하루 종일 몹시 산만했다. 여자들이 쇼핑에서 돌아왔을 때 여전히 윌로비에게선 어떤 답장도 없었다. 일주일 동안 제닝스 부인 집에 머문 후, 그들이 마차를 타고 나갔다가 집에 돌아왔을 때, 메리앤은 마침내 식탁 위에서 윌로비의 명함을 보았다.
 "우리가 나가 있는 동안 그가 이곳에 왔었어."라고 메리앤은 소리쳤다. 그때부터 그녀는 다른 사람들이 외출해도 집에 머물러 있었다.
 다음날 편지 한 통이 도착하자 매리엔은 그것을 낚아채려고 했다. 그러나 그것은 제닝스 부인에게 온 것이었다.
 "편지 기다리고 있었니?"라고 엘리너가 물었다. 그녀는 동생의 실망감을 알 수 있었다.
 "그냥 조금." 하며 메리앤은 한숨을 쉬었다.
 "메리앤, 너 나를 믿지 않니?"라고 엘리너가 물었다.
 "언니야말로 아무도 믿지 않으면서 어떻게 내게 그런 걸 물을 수 있어?"라고 메리앤이 대답했다.
 "나는 할 얘기가 없어."라고 엘리너는 소리쳤다. 그녀는 루시 스틸과 에드워드의 약혼에 대한 비밀을 털어놓고 싶었다.
 "나도 없어."라고 메리앤이 대답했다. "언니는 아무 말도 하지 않잖아. 나도 숨길 게 없어."
 다음날 미들턴 부인의 런던 저택에서 무도회가 열렸다. 메리앤은 윌로비가 그곳에 오지 않은 것을 알아차리자 파티에 대한 흥미를 잃었다. 그녀는 윌로비가 초대를 받고도 그곳에 오지 않았다는 것에 상처를 받았다.

p. 64-65 어느 날 밤 두 대시우드 자매는 미들턴 부인과 파티에 갔다. 윌로비는 그곳에서 어느 우아한 젊은 여자와 함께 서 있었다. 그를 보자 메리앤은 기뻤다. 그녀는 그에게 달려가려 했지만 엘리너가 그녀를 막았다.

"침착해. 네 감정을 숨겨."라고 엘리너가 말했다.

그건 메리앤에게 불가능한 일이었다. 얼굴에 불안하고 조급한 표정을 그대로 드러낸 채 그녀는 자리에 앉아 있었다.

"왜 그는 나를 쳐다보려 하지 않을까?" 하며 메리앤이 흐느꼈다.

마침내 윌로비가 몸을 돌려 그들을 보았다. 메리앤은 자리에서 벌떡 일어나 그에게 손을 뻗었다. 그는 그들에게 와서 메리앤 대신 엘리너에게 어머니의 건강에 대해 물었다.

메리앤은 얼굴이 빨개지며 외쳤다. "윌로비, 왜 나를 찾아오지 않았죠?"

"찾아갔었지만 당신은 집에 없었소."라고 그가 말했다.

"제 편지를 받지 못했나요?"라고 그녀는 아주 불안하게 말했다. "큰 착오가 있었던 게 틀림없어요. 제발 말해 주세요. 무슨 일이 있는 거죠?"

윌로비는 조금 전에 옆에 서 있던 젊은 여자를 힐끗 쳐다보며 창피해하는 것 같았다.

"그래요. 당신이 이곳에 왔다는 전갈은 받았소. 고맙게 생각하오."

그 말을 남기고 그는 몸을 돌리더니 어느 친구에게로 갔다.

p. 66-67 메리앤은 창백했고 서 있을 수가 없었다. 엘리너는 그녀가 의자에 앉도록 도와주었다. 윌로비는 곧 파티장을 떠났다. 집으로 오면서 엘리너는 윌로비와 메리앤의 애정이 끝났다는 걸 깨달았다. 그녀는 그것을 끝내는 그의 천박한 방식에 씁쓸함을 느꼈다.

그날 밤 엘리너는 메리앤이 우는 소리에 잠을 이루지 못했다. 다음날 메리앤에게 편지 한 통이 도착했다. 제닝스 부인은 그것이 연애편지냐고 물었다. "내 평생 그렇게 사랑에 흠뻑 빠져 있는 여자를 본 적이 없어요. 그가 그녀를 계속 기다리게 하지 않길 바라요."

엘리너가 방에 들어갔을 때 메리앤은 엉엉 울고 있었다. 엘리너는 그녀의 손을 잡고 역시 울음을 터뜨렸다. 그런 다음 그의 편지를 읽었다.

친애하는 메리앤

지난밤 나의 행동이 마음에 들지 않았다면 용서해 주기 바라오. 나는 항상 아주 즐겁게 우리의 만남을 기억할 거요. 당신에게 내가 표현한 것보다 더 많은 감정을 느끼고 있다는 인상을 주지 않았길 바라오. 제발 내가 오래 전에 다른 사람과 약혼했다는 사실을 이해해 주시오. 우리는 곧 결혼할 예정이오. 이 편지와 함께 당신이 너무나 상냥하게 내게 주었던 당신의 머리 타래를 되돌려 보내오.

당신의 친구, 존 윌로비

p. 68-69 엘리너는 편지에 적힌 냉정하고 사무적인 말투에 정나미가 떨어졌다. 그것은 상처를 주었고 잔인했다. 순간 그녀는 메리앤이 그런 형편없는 남자와 결혼하지 않게 돼서 기뻤다.

"아, 엘리너. 언니를 너무 슬프게 만들어서 미안해."라고 메리앤

139

은 말했다.

"약혼 기간의 막바지에 그가 얼마나 나쁜 사람인지 알게 되었다면 얼마나 힘들었을지만 생각해."라고 엘리너는 대답했다.

"약혼이라고!"라고 메리앤은 소리쳤다. "우린 약혼하지 않았어. 그는 내게 어떤 것도 약속하지 않았어."

"그가 너를 사랑한다고 말했잖니?"라고 엘리너가 물었다.

"아니. 그렇게 말한 적 없어. 하지만 난 그의 눈에서 그걸 느낄 수 있었어."라고 메리앤은 대답했다. 그녀는 다시 울기 시작했다.

나중에 제닝스 부인은 스스로를 괴롭히는 메리앤을 걱정했다. 그녀는 그들에게 윌로비의 다른 여자는 일 년에 5만 파운드의 수입이 있는 그레이 양이며, 윌로비가 마차와 말에 너무 많은 돈을 쓰는 바람에 돈이 몹시 궁하다고 말했다. 그녀는 그의 행동이 형편없다고 생각했다. 그러나 이제 메리앤이 브랜든 대령과 결혼할 수 있게 되었기 때문에 잘된 일이라고 쾌활하게 말했다.

[제 4 장] **드러난 진실**

p. 72-73 다음날 메리앤은 더욱 비참했다. 그녀는 제닝스 부인을 피하기로 마음먹었다.

"그녀의 친절은 동정심이 아니야."라고 그녀는 불평했다. "그녀는 친구들에게 내 문제를 떠들어대는 걸 즐기고 있다고."

아침식사가 끝난 후 제닝스 부인은 방에 있던 대시우드 자매를 발견하고는 메리앤에게 편지 한 통을 전했다. "이 편지가 아가씨를 기쁘게 해줄 거예요."

메리앤은 그것이 자신의 이상한 행동을 설명하고 사과하는 윌로비의 편지이길 바랐다. 그러나 그것은 어머니에게서 온 것이었다. 그 편지에는 윌로비에 대한 믿음이 담겨 있었다. 메리앤은 어머니가 그에 대한 진실을 알게 되었을 때 실망할 걸 생각하며 다시 울기 시작했다.

그때 노크 소리가 들렸다. 브랜든 대령이었다. 메리앤은 자기 방으로 달아났다. 엘리너가 그를 맞이했다. 그는 슬퍼 보였다.

"당신과 얘기를 나누려고 왔어요."라고 브랜든은 엘리너에게 말했다. "당신에게 윌로비의 인품에 대해 자세한 얘기를 하고 싶소."

"당신의 말은 메리앤에 대한 당신 감정을 보여주는 증거예요."라고 엘리너는 말했다.

"제가 바튼 파크에서 얘기한 적이 있는 어느 여자 분을 혹시 기억하나요? 그녀는 당신 동생과 비슷했어요. 열정적인 마음과 따뜻한 가슴과 뛰어난 감성을 지녔었지요. 그녀는 저의 먼 사촌이었습니다. 우리는 어렸을 때 함께 놀았고, 그것은 사랑으로 발전했지요."라고 브랜든은 말했다.

p. 74-75 "하지만 열일곱 살 때 그녀는 자신의 바람과는 반대로 제 형과 결혼했어요. 결혼식 전에 우리는 도망가서 몰래 결혼하기로 계획을 세웠죠. 그런데 아버지가 그 계획을 알고는 저를 군대에 보내셨지요. 그들의 결혼은 불행했어요. 제 형은 수많은 여자들과 바람을 피웠어요. 2년 후에 그들은 이혼했습니다."

엘리너는 동정심과 걱정스러운 마음으로 그를 바라보았다.

그는 계속 말을 이었다. "3년 후에 저는 그녀가 채무자 감옥에 있는 걸 발견했어요. 그녀는 몹시 아팠고 살 날이 얼마 남지 않았지요. 그녀가 제 팔에 안겨 세상을 떠날 때까지 저는 그녀를 돌봐주었습니다. 그녀는 제게 일라이자라는 어린 여자애를 돌봐달라고 맡겼어요. 저는 일라이자를 학교에 보냈고, 그 후에는 시골에 사는 명망 있는 여성의 보호하에 그녀를 맡겼습니다. 일라이자는 지금 열일곱입니다. 작년에 그 아이가 갑자기 사라졌죠. 8개월 동안 그 아이는 행방불명이었고, 저는 그 아이를 찾아 다녔습니다."

"저런!" 엘리너가 외쳤다. "혹시 윌로비가…"

"바튼 파크에서 그날을 기억하세요? 우리 모두 야유회를 가기로 되어 있었지요. 하지만 저는 다급한 편지를 받았습니다. 저는 부름을 받고 자리를 떴지요. 윌로비는 그 일이 자신이 불행하고 비참하게 만든 사람을 도우러 가는 일인 줄 몰랐습니다. 하지만 (알았더라도) 그는 신경 쓰지 않았을 거예요. 그는 남자가 할 수 있는 최악의 일을 저질렀습니다. 그는 자신이 유혹한 여자를 버렸습니다. 그녀에게 집도 친구도 돈도 남겨 주지 않은 채 말입니다."

p. 76-77 "정말 분개할 일이군요!"라고 엘리너가 외쳤다.

"이제 그가 어떤 사람인지 아시겠죠. 그의 인품을 알고 있으면서도 그에 대한 당신 동생의 애정을 지켜보고 있는 게 얼마나 힘들었을지 상상해 보세요. 그가 당신 동생에게 무슨 의도가 있었는지 누가 알겠습니까? 언젠가 그녀는 자신의 상황과 불쌍한 우리 일라이자의 상황을 비교하며 감사하게 될 겁니다."

"바튼을 떠난 후에 윌로비를 본 적이 있나요?"라고 엘리너가 물었다.

"네, 일라이자가 자신을 유혹한 남자의 이름을 고백한 후예요. 저는 그의 비열한 행동을 비난했고 그에게 결투를 신청했습니다. 우린 결투에서 만났지만 둘 다 다치지 않고 되돌아왔습니다. 불쌍한 일라이자는 아기를 낳고 지금 시골에서 살고 있습니다."

대령은 떠났다. 엘리너는 동생에게 두 사람의 대화를 상세하게 얘기했다. 그러나 그 결과는 그녀가 바라던 것과 달랐다. 메리앤은 열심히 얘기를 듣고는 윌로비의 죄를 인정했다. 그러나 그녀는 윌로비의 마음뿐만 아니라 그의 좋은 성품마저 사라졌기 때문에 훨씬 더 슬픈 것 같았다.

다음날 대시우드 부인의 답장이 도착했다. 그녀는 제닝스 부인 집에 머무는 기간을 줄이지 말라고 충고했다. 바튼으로 서둘러 돌아오면 윌로비와 함께 한 행복했던 때의 기억만 떠오를 뿐이라는 것이다.

p. 78-79 존 경과 제닝스 부인은 윌로비의 비열한 행동에 대한 얘기를 듣고 그를 비난했다. 그들은 또한 엘리너가 브랜든 대령과 결혼할 여인이라고 믿었다.

윌로비의 편지가 도착한 지 2주가 지난 후 엘리너는 그가 결혼했다는 것을 알았다. 메리앤은 처음 그 소식을 들었을 때는 차분했다. 그러나 나중에 엉엉 울기 시작했다.

이 무렵 엘리너는 공교롭게도 런던에 도착한 스틸 자매를 만났다. 루시는 그녀를 만나서 기쁜 척했다. 엘리너는 모든 자제력을 발휘해서 예의 바른 태도를 유지했다.

존 대시우드가 제닝스 부인 집으로 그들을 방문했을 때 보다 따뜻한 환영 모임이 있었다. 브랜든 대령을 소개받은 후 그는 엘리너에게 단둘이 산책을 가자고 말했다. "엘리너, 곧 아주 멋진 결혼식을 축하하게 될 것 같구나. 브랜든 대령은 정말 신사다운 사람이야. 그리고 나는 그가 너를 좋아한다고 확신한다."라고 존은 말했다.

"그는 나와 결혼하고 싶어 하지 않아요."라고 그녀가 대답했다.
"네 생각이 틀렸단다, 동생아. 약간만 노력하면 그를 잡을 수 있어. 패니의 남동생과 내 여동생이 동시에 결혼식을 올린다면 얼마나 웃길까!"
"에드워드 페라스 씨가 결혼하나요?"라고 그녀는 차분하게 물었다.

p. 80-81 "아직 결정되진 않았단다. 하지만 그는 모튼 양과 결혼할 거야. 그녀는 모튼 경의 외동딸인데 3만 파운드의 재산을 갖고 있단다. 에드워드의 어머니는 그가 그녀와 결혼하면 해마다 그에게 1천 파운드씩 줄 거야. 나는 우리가 아주 편안해질 수 있길 바란단다."라고 그는 말했다.

일주일 후에 존과 패니 대시우드는 만찬파티를 열었다. 미들턴 부부, 제닝스 부인, 브랜든 대령, 대시우드 자매, 그리고 스틸 자매 모두가 초대되었다. 엘리너와 루시 둘 다 페라스 부인이 그곳에 올 거라는 것을 알고 있었다.

"아, 대시우드 양." 루시는 엘리너와 위층으로 올라가면서 속삭였다. "잠시 후면 제 행복을 좌우하게 될 사람을 만나게 될 거예요. 제 미래의 시어머니 말이에요!"

페라스 부인은 뾰로통한 표정의 작고 수척한 여자였다. 그녀는 노골적으로 엘리너를 싫어했고 루시 스틸을 마음에 들어했다.

"그녀가 루시의 비밀을 알기만 한다면 얼마나 그녀를 미워하게 될까!" 하고 엘리너는 생각했다.

다음날 아침, 루시는 엘리너에게 페라스 부인이 자신을 얼마나 좋아하는지에 대해 자랑을 늘어놓았다.

엘리너가 대답하기 전에 문이 열렸다. 에드워드가 들어왔다. 세 사람에게 어색한 순간이었다. 엘리너는 그를 환영했다. 루시는 곁눈질로 엘리너를 계속 주시했다. 엘리너는 두 사람만 남겨두기로 하고 메리앤을 찾으러 갔다.

p. 82-83 여동생들과 얘기를 나눈 후에 존 대시우드는 그들을 노어랜드에 며칠간 머물도록 초대할까 생각했다. 그러나 패니 대시우드는 재빨리 이렇게 알렸다. "당신의 제안은 정말 놀랍군요. 저는 금방 스틸 자매를 우리 집에 머물도록 초대해야겠다고 결심했어요. 당신 여동생들은 다른 해에 초대해요."

존은 동의했고, 패니는 루시와 그녀의 언니를 초대했다. 루시는 에드워드와 가깝게 지낼 수 있는 좋은 기회를 갖게 돼서 매우 기뻤다.

며칠 후에 제닝스 부인이 새로운 소문을 가지고 파머 부인인 딸네 집에서 돌아왔다.

"동생 에드워드가 일 년 넘게 루시 스틸과 약혼한 상태였기 때문에 패니가 아프대요. 그녀의 언니 앤만 알고 있었다네요. 스틸 자매가 지금 당신들 오빠 집에 머물고 있잖아요. 머리 나쁜 앤이 패니에게 말했다는군요! 당신 올케는 바닥에 쓰러져서 울고 소리를 질렀대요. 스틸 자매는 곧 짐을 싸서 떠나라는 얘기를 들었구요. 페라스 가족은 에드워드가 부유한 모튼 양과 결혼하길 바랐어요. 그 사람들이 안됐다는 생각은 전혀 들지 않아요. 나는 돈과 출세를 중요하게 생각하는 사람들은 참을 수가 없어."

이제 얘기는 에드워드에 대한 것뿐이었다. 엘리너는 메리앤이 그에게 화가 날 것임을 알았다. 그녀는 동생에게 미리 진실을 얘기하기로 결심했다.

p. 84-85   메리앤은 공포에 질려 엘리너의 얘기를 듣더니 계속 울었다. 에드워드가 제2의 윌로비 같았던 것이다. "얼마 동안이나 알고 있었어?"라고 그녀가 물었다.

"루시가 4개월 전에 바튼에서 자신의 약혼 얘기를 해줬어. 난 그 사실을 비밀로 하기로 약속했어."

"그 동안 언니는 나를 돌봐주었어. 그러면서도 그 얘기를 마음에 담고 있었던 거야. 어떻게 그걸 견딜 수 있었어?"라고 메리앤이 물었다.

"나는 내 할 일을 했을 뿐이야. 나는 모든 사람들을 걱정시키고 싶지 않았어."라고 엘리너는 대답했다.

"4개월이나 됐다고! 그런데도 언니는 그를 사랑했잖아!"

"그래, 하지만 나는 내 가족도 사랑해. 그리고 나는 에드워드에게 어떤 악의도 없어. 그들은 결혼할 거고, 곧 그는 그녀보다 나은 다른 여인을 생각했었다는 사실을 잊어 버릴 거야."

"나도 언니의 사고방식을 이해하기 시작했어. 언니의 자제력이 더 이상 이상한 것 같지 않아."

"내가 감정이 부족하다고 생각하고 있다는 거 알아. 몇 달 간 그 생각이 떠나질 않았어. 나는 누구에게도 얘기할 수가 없었어. 행복에 대한 내 희망을 파괴한 장본인이 내게 그 얘기를 해주었으니까. 그녀는 나를 경쟁자로 생각했고 나를 이겨서 행복했지. 나는 그녀가 에드워드에 대해 반복해서 얘기하는 걸 들으며 그에게 관심이 없는 척했어. 그리고 그의 어머니의 불친절과 무례함을 견뎌야 했지. 이제 내가 얼마나 고통스러웠을지 알겠구나?"

p. 86-87   "아, 엘리너 언니!" 하고 메리앤이 외쳤다. "내가 언니에게 얼마나 못되게 굴었는지!" 그리고 나서 두 자매는 서로의 팔에 안겨 울었다.

다음날 존 대시우드가 그들을 방문하러 왔다.

"우리가 충격적인 사실을 알게 되었다는 얘길 들었겠지?"라고 그가 말했다.

두 여동생은 말없이 고개를 끄덕였다

"너희 올케가 굉장히 힘들었단다. 페라스 부인도 그랬고. 두 사람이 속았던 거지. 그것도 우리가 그 두 젊은 여자를 그렇게 친절하게 대한 후에 그런 일이 벌어지다니! 패니는 그들 대신 너희 둘을 초대했었다면 하고 생각하고 있어. 불쌍한 페라스 부인은 에드워드를 호출했고, 그는 어머니를 만나러 왔어. 다음에 벌어진 일을 얘기해야 하다니 유감이구나. 약혼을 파기하도록 에드워드를 설득하려는 우리의 노력은 소용없었어. 그의 어머니는 모든 양과 결혼하면 일 년에 1천 파운드씩을 주겠다고 제안했지. 하지만 그는 거절했어. 페라스 부인은 더 이상 자신에게서 돈을 받지 못할 거라고 말했어. 그리고 그녀는 그가 선택한 어떤 직업에서도 성공하지 못하도록 방해하는 데 최선을 다할 거라고 했지."

"맙소사! 정말 끔찍하군요!"라고 메리앤이 말했다.

"너희들이 충격을 받는 것도 무리는 아니지."라고 존은 동생들에게 말했다. "그의 고집은 놀랄 정도란다."

p. 88-89   "페라스 씨는 정직한 사람답게 행동했군요."라고 그들의 얘기를 듣고 있던 제닝스 부인이 외쳤다. "그는 루시 스틸과 결혼하겠다는 약속을 지켜야 해요."

"부인, 당신의 의견을 존중합니다."라고 존이 대답했다. "하지만 페라스 부인처럼 엄청난 재산을 가진 훌륭한 여인은 아들이 적절치 못한 여자와 비밀 약혼을 했다는 걸 용납할 수 없을 거예요.

페라스 부인은 에드워드에게 영원히 집을 떠나라고 말했고, 그는 나가버렸습니다. 그녀는 그를 다시 만나고 싶어 하지 않아요. 그녀가 세상을 떠나면 로버트가 그녀의 재산을 물려받을 거예요. 동생이 부자로 사는 동안 그는 가난뱅이가 될 거예요! 정말 그가 불쌍해요."

존 대시우드는 곧 그곳을 떠났고, 세 여자는 페라스 부인의 행동을 비난하며 에드워드를 따뜻하게 지지했다.

다음날 아침 루시한테서 편지 한 통이 왔다.

친애하는 대시우드 양

진정한 친구로서 나는 당신이 이 얘기를 듣고 기뻐할 것임을 알고 있어요. 에드워드와 제가 겪었던 끔찍한 고통에도 불구하고 다행히 지금 우린 잘 지내고 있어요. 우리는 서로의 사랑 속에서 행복하답니다. 우리가 이런 어려움을 이겨내도록 도와줘서 고마워요. 어제 우리는 함께 두 시간을 보냈습니다. 그리고 저는 그에게 자유를 제안했고, 그가 원한다면 우리의 약혼을 파기할 준비가 되어 있었죠. 하지만 그는 거절했습니다. 그는 제가 그를 사랑하는 한 어머니의 분노는 신경 쓰지 않는다고 말했어요. 앞으로의 생활이 쉽지는 않을 거예요. 하지만 우리는 희망을 버려선 안 되겠죠. 그는 교회에 입문할 겁니다. 그에게 일자리를 제공해 줄 만한 사람에게 그를 추천해 주셨으면 합니다. 친애하는 제닝스 부인에게 우리를 잊지 않길 바란다고 전해 주세요. 그리고 저를 잘 기억해 주세요. 존 경과 미들턴 부인, 그들의 사랑하는 아이들에게도 안부를 전해 주세요. 그리고 메리앤 양에게도 저의 사랑을 전해 주세요.

당신의 진정한 친구, 루시 스틸

p. 90-91 엘리너는 루시가 제닝스 부인이 이 편지를 보길 바란다고 확신하고 즉시 그녀에게 그것을 보여주었다. 그 노부인은 루시의 따뜻한 마음씨를 칭찬했다. "그녀가 나를 친애하는 제닝스 부인이라고 부르네! 아, 진심으로 그에게 일자리를 구해 줄 수 있다면!"

대시우드 자매는 두 달 더 런던에 머물렀다. 메리앤은 집으로 돌아갈 준비가 되었다. 그녀는 시골이 몹시도 그리웠다. 엘리너도 가고 싶었다. 그러나 그녀는 앞에 놓인 긴 여행이 두려웠다. 파머 부부가 바튼에서 겨우 하루 거리에 있는 서머셋의 저택으로 제닝스 부인과 대시우드 자매를 초대함으로써 그 문제는 해결되었다.

그들은 초대를 받아들였고 일주일 동안 파머 씨 집에 머물기로 했다.

며칠 후 브랜든 대령은 엘리너와 얘기를 나누러 왔다. 그는 에드워드를 위한 일자리를 구했다.

"그 일은 적어도 페라스 씨에게 출발점이 될 거예요. 그곳에서 목사가 하는 일은 그렇게 어렵지 않아요. 그리고 작은 집도 제공됩니다. 일 년 수입이 겨우 2백 파운드이고 집이 작아서 유감이긴 하지만."

엘리너는 대령에게 감사하며 에드워드에게 그 좋은 소식을 전하겠다고 약속했다.

[제 5 장] 바튼으로 돌아오다

p. 94-95 런던을 떠나기 전에 엘리너는 오빠와 패니를 방문했다. 존은 브랜든 대령이 에드워드에게 일자리를 제안했다는 얘기를 듣고 관심을 보였다. 존은 그녀를 한쪽으로 데려가서 이렇게 말했다 "너에게 한 가지 더 해줄 얘기가 있단다. 페라스 부인이 너에 대한 에드워드의 애정을 용납

하진 않았지만, 루시 스틸보다는 너와 결혼하는 걸 더 좋아했을 거야. 물론 이 젠 너무 늦었지만."

갑자기 로버트 페라스가 들어왔다. 그녀는 과거에 그를 딱 한 번 만났을 뿐이지만 그가 경솔하고 거만한 젊은이라고 생각했다. 이번 만남으로 그에 대한 그녀의 반감은 더욱 커졌다. 그는 자신이 어떻게 에드워드의 재산을 물려받게 될 것인지 신나서 얘기했다. 그리고는 작은 집에서 사는 가난한 목사가 되려는 에드워드의 생각을 비웃었다.

"제가 어머니에게 말했어요."라고 그는 말했다. "어머니, 에드워드가 이 젊은 여자와 결혼한다면 전 다시는 그를 보지 않겠어요! 제가 그 시골 여자를 좀더 일찍 알았다면 약혼을 깨도록 그를 설득했을 거예요."

엘리너는 그곳에 오래 머물 수 없다는 사실이 기뻤고 다시는 로버트 페라스를 만나지 않길 바랐다.

p. 96-97 서머셋에 있는 파머 부부의 집인 클리블랜드까지는 이틀이 걸렸다. 그들이 도착했을 때, 메리앤의 상태는 평소보다 나빴다. 그들은 윌로비의 시골 저택에서 겨우 30마일 떨어진 곳에 있었다. 그녀는 외로운 산책을 하며 자신의 비참함에 푹 빠져서 시간을 보낼 생각이었다.

브랜든 대령도 파머 부부의 손님이었다. 그는 에드워드가 델라포드에 자리를 잡기 전에 목사 사택을 수리하는 문제에 대해 엘리너와 얘기를 나누며 많은 시간을 보냈다. 그가 그녀에게 너무 많은 얘기를 하는 바람에 엘리너는 자신에 대한 대령의 관심에 대해 존 대시우드의 생각이 맞았던 건 아닌지 궁금해지기 시작했다. 그러나 그녀는 브랜든 대령이 자신과 얘기를 나눌 때 메리앤과 얘기하고 싶어 한다는 느낌을 여전히 받았다.

빽빽하고 젖은 잔디 위를 이틀 저녁 산책한 후에 메리앤은 심한 감기에 걸렸다. 그녀는 열이 났고 온몸이 아팠다. 그녀는 자신에게 필요한 것은 하룻밤 푹 쉬는 것뿐이라고 고집을 피우면서 모든 약을 거부했다.

그러나 다음날 그녀는 몹시 앓았다. 그리고 그날 밤 엘리너는 의사를 불렀고, 의사는 그녀가 균에 감염되었으며 며칠 후면 회복될 거라고 말했다.

p. 98-99 며칠이 지나도 메리앤의 상태는 그대로였다. 의사는 매일 왔다. 엘리너는 희망을 갖고 있어서 어머니에게 보내는 편지에 메리앤의 병이 위중하다는 얘긴 쓰지 않았다.

그날 밤 엘리너가 동생 침대 옆에 앉아 있을 때, 메리앤이 갑자기 일어나더니 정신없이 울었다. "엄마는 오고 계셔?"

"아직."이라고 엘리너는 대답하면서 두려움을 감추고 메리앤이 다시 눕도록 도와주었.

"제발 엄마에게 빨리 오라고 해줘."라고 메리앤은 절망스럽게 말했다. "아니면 엄마를 다시는 볼 수 없을 거야!"

엘리너는 너무 놀라서 곧 의사를 불러왔다. 브랜든 대령은 대시우드 부인을 데려 오기 위해 밤새 바튼으로 마차를 몰았다.

의사가 와서 보고는 약이 효과가 없었다는 걸 인정했다. 감염 정도가 여느 때보다 심각했다. 엘리너는 어머니가 죽어가는 동생에게 작별인사를 할 수 있도록 제때 도착하길 바랐다.

그러나 정오가 되자 메리앤의 열이 가라앉고 있었다. 엘리너는 메리앤이 살아날 거라는 희망을 갖기 시작했다. 다음번 왕진 때 의사는 메리앤이 천천히 회복하고 있다며 그녀에게 축하의 인사를 건넸다. 그날 밤 엘리너는 동생이 위험에서 벗어났다는 것을 알고는 편안히 잠들었다.

p. 100-101 8시 경에 엘리너는 마차가 현관으로 다가오는 소리를 들었다. 그녀는 어머니를 맞기 위해 서둘러 아래층으로 내려갔다. 그러나 거실에서 그녀는 윌로비를 발견했다.

그녀는 두려움에 뒷걸음질쳤다.
"대시우드 양, 당신에게 할 얘기가 있습니다."라고 윌로비는 애원했다.
엘리너는 마지못해 응했다. "빨리 하세요. 전 시간이 없어요."
"우선, 동생분은 위험에서 벗어났나요?"
"우리 모두 그러길 바라요."라고 엘리너는 싸늘하게 말했다.
"하나님 감사합니다! 그녀가 아프다는 얘길 들었어요. 전 제 행동에 대해 해명을 하고 싶습니다. 제가 늘 불한당은 아닙니다. 동생분의 용서를 빕니다."
"메리앤은 이미 당신을 용서했어요."
"그게 정말인가요?"라고 그는 열띠게 말했다. "그래도 설명을 드려야겠습니다. 처음 그녀를 만났을 때 제 의도는 데본셔에서 즐거운 시간을 보내는 것뿐이었어요. 전 빚이 많습니다. 그래서 돈 많은 여자와 결혼할 계획이었지요. 하지만 곧 전 메리앤과 사랑에 빠졌다는 걸 알았어요. 그녀에게 청혼할 준비를 하고 있을 때 제 친척인 스미스 부인이 저의 수치스러운 관계를 알게 되었습니다." 하며 그는 얼굴을 붉히면서 몸을 돌렸다. "아마도 브랜든 대령에게서 그 얘기를 들으셨을 거예요."

"네, 들었어요."라고 역시 얼굴을 붉히며 엘리너는 말했다.

p. 102-103 윌로비는 말을 이었다. "스미스 부인은 제게 몹시 화가 나셨고 저는 고통스러웠습니다. 그녀는 돈을 끊고 저를 다시 보기를 거부하셨어요. 저는 메리앤과 결혼하면 가난하게 살 거라는 걸 알았습니다. 그래서 작별인사를 하러 바튼 카티지에 갔어요. 그녀가 슬퍼하고 실망하는 걸 보자 몹시 비참했습니다."

짧은 침묵이 흘렀고 엘리너는 그에 대해 마음이 누그러졌다.
"메리앤이 보낸 편지는 제 마음에 비수처럼 꽂혔습니다. 그녀는 제가 약혼했던 그레이 양보다 제게 훨씬 소중했습니다."
"이제 당신은 결혼한 남자라는 걸 잊지 마세요."라고 엘리너가 말했다.
윌로비는 미친 듯이 웃었다. "네, 결혼했지요. 그레이 양은 메리앤이 보낸 마지막 편지를 보았고 질투하며 화를 냈습니다. 그 벌로 그녀는 메리앤에게 그 끔찍한 편지를 쓰게 했어요."
"선택은 당신이 한 거예요."라고 엘리너는 차갑게 말했다. "당신 부인을 존중하세요."
"제 아내는 당신의 동정을 받을 자격이 없어요. 저는 그녀와는 행복할 가능성이 전혀 없습니다. 제가 다시 자유로워진다면…"
엘리너가 얼굴을 찡그려서 그의 말을 막았다.
"이제 가야겠군요."라고 그가 말했다. "하지만 저는 한 가지 일을 두려워하며 살 거예요. 동생분의 결혼이요."
"그 애가 지금보다 더 당신에게 빠져 있지는 못할 거예요."라고 엘리너는 말했다.
"하지만 다른 사람을 만나게 될 거예요." 이 말을 하고 윌로비는 가 버렸다.

p. 104-105　30분 후에 두 자매의 어머니가 두려움에 반쯤 죽다시피 집으로 들어왔다. 엘리너는 어머니에게 좋은 소식을 전했다. 대시우드 부인은 안도의 눈물을 흘렸다. 브랜든 대령도 깊은 침묵 속에서 그들과 함께 안도했다.

메리앤은 매일 조금씩 회복되었다. 대시우드 부인은 곧 엘리너에게 또 다른 소식을 전할 기회를 찾았다. 바튼에서 오는 긴 노정 동안 브랜든 대령이 대시우드 부인에게 더 이상 메리앤에 대한 감정을 숨기지 못하겠다고 말했던 것이다. 그는 그녀에게 청혼할 것이다. 그의 훌륭한 성품을 확신한 대시우드 부인은 언젠가는 메리앤이 그의 청혼을 받아들이길 바랐다.

메리앤은 빠르게 회복했고 일주일 후에 바튼으로 돌아왔다. 브랜든 대령의 마차를 타고 집으로 오는 길에 엘리너는 메리앤이 이제 자신의 감정을 통제할 수 있다는 걸 알게 되었다. 엘리너는 그녀가 다시 열정적이 되어가는 것을 보고 기뻤다.

며칠 후에 메리앤은 엘리너에게 이렇게 고백했다. "그동안 내가 못되게 굴었어. 윌로비와 너무 제멋대로 지내며 다른 사람들에게 아주 무례했던 거야. 사랑하는 엘리너, 언니에게도 못되게 굴었어. 언니도 힘들었을 텐데 말이야. 내 무너진 마음만 생각했어."

엘리너는 깊은 숨을 몰아쉬고는 메리앤에게 윌로비가 했던 모든 얘기를 들려 주었다. 메리앤은 아무 말도 하지 않았다. 눈물이 그녀의 얼굴을 타고 흘러내렸다.

p. 106-107　그날 저녁 메리앤은 어머니와 언니에게 이렇게 말했다. "엘리너가 해준 얘기 덕분에 크게 마음이 놓였어요. 그가 저지른 일들을 알고 있으면서, 그와 함께 결코 행복할 수 없었을 거예요."

"그런 불한당과 행복할 거라고? 우리 메리앤은 절대 아니지!"라고 그녀의 어머니는 말했다.

"너는 사려 깊은 사람처럼 그 문제를 생각하고 있구나."라고 엘리너가 말했다.

"내가 얼마나 바보 같았는지!"라고 메리앤은 말했다.

"모두 내 잘못이다."라고 대시우드 부인은 말했다. "좀 더 일찍 그의 의도를 눈치챘어야 했어."

바튼에서의 생활은 다시 정상으로 돌아갔다. 엘리너는 에드워드의 소식을 기다렸다. 예기치 않게 대시우드 부인의 하인 토마스가 그의 소식을 전해 주었다. 그는 '페라스 씨가 결혼했다.'는 소식을 가지고 돌아왔다.

메리앤은 엘리너의 창백한 얼굴을 한번 보고는 울음을 터뜨렸다. 대시우드 부인은 어떤 딸을 먼저 달래 주어야 할지 몰랐다. 그녀는 메리앤을 다른 방에 데려다 놓고 서둘러 엘리너에게 돌아왔다. 엘리너는 이미 토마스에게 질문을 하기 시작했다. "누가 이 얘길 했죠, 토마스?"

"예전에 스틸 양으로 불리던 분과 함께 있는 그분을 제가 직접 봤어요. 그녀가 마차에서 저를 불러 메리앤의 건강에 대해 물었어요. 그러더니 미소를 지으면서 마지막으로 데본셔를 방문한 후로 자신의 성이 바뀌었다고 말하더군요."

"페라스 씨가 그녀와 함께 마차에 있었나요?"

"네, 아가씨. 그는 그녀 옆에 있었어요. 하지만 그의 얼굴은 보지 못했어요."

p. 108-109 "페라스 부인이 행복해 보이던가요?"라고 엘리너가 물었다.
"네, 아가씨. 아주 행복해 보였어요."

토마스를 내보내고 엘리너와 그녀의 어머니는 잠자코 앉아 있었다. 대시우드 부인은 그녀 때문에 슬펐다.

며칠 후 마차 한 대가 현관 앞에 섰다. 엘리너는 브랜든 대령일 거라고 생각했다. 그러나 그 사람은 에드워드였다. "침착해야 해."라고 그녀는 스스로에게 말했다.

그는 창백하고 불안한 모습으로 집으로 들어왔다. 대시우드 부인은 친절하게 그를 맞았고 그에게 축하 인사를 건넸다. 그는 얼굴을 붉히며 뭐라고 웅얼거렸다.

끔찍한 침묵이 방안을 뒤덮었다. 대시우드 부인은 페라스 부인이 잘 있기를 바란다는 말로 침묵을 깼다.

"페라스 부인은 델라포드에 계시나요?"라고 엘리너는 용기를 내서 물었다.

"델라포드요?"라고 그는 놀라며 물었다. "어머니는 런던에 계세요."

"제 말은 당신의 새 신부 말이에요."라고 엘리너가 말했다.

에드워드는 주저했다. "아마도… 제 동생의 새 신부 말이군요."

"당신 동생의 새 신부요?" 메리앤과 그녀의 어머니는 놀라서 그의 말을 되풀이했다. 엘리너는 말이 나오지 않았다.

"그래요. 제 동생은 루시 스틸 양과 결혼했어요."라고 에드워드는 말했다.

p. 110-111 엘리너는 방에서 달려 나가 행복감에 울음을 터뜨렸다. 에드워드는 그녀가 달려 나가는 것을 보고 그녀를 뒤따라갔다.

여자들은 깜짝 놀랐다. 모두 앉아 차를 마시고 있을 때, 에드워드는 대시우드 부인에게 엘리너와의 결혼을 허락해 달라고 했다. 그녀는 그러겠다고 했다. 그는 이 세상에서 가장 행복한 남자였다.

"제 어머니가 제 직업을 스스로 선택하게만 해주었다면 그런 어리석은 약혼은 하지 않았을 거예요. 저는 제가 사랑에 빠졌다고 생각했어요. 엘리너를 만났을 때 그것이 얼마나 잘못된 일인지 깨달았지요."

모든 사람들이 기뻐했다. 그는 자기 동생이 형과의 약혼을 깨도록 루시를 설득하려고 그녀를 방문했다고 설명했다. 루시는 에드워드 대신 로버트가 어머니의 재산을 상속받을 거라는 걸 알아챘다. 두 사람 모두 비슷하게 이기적인 사람이었기 때문에 서로에게 끌렸고 서둘러서 비밀에 결혼식을 올렸다.

에드워드의 어머니는 경악했지만 결국 그것을 받아들였다. 그녀는 에드워드와 엘리너의 약혼에 대해서도 만족하지 않았지만 그들에게 1만 파운드를 주었다. 그 돈으로 에드워드와 엘리너는 금방 결혼식을 올릴 수 있었고 델라포드에 있는 목사의 사택으로 이사했다. 그들은 이 세상에서 가장 행복한 부부였다.

p. 113 델라포드로 이사했다고 해서 엘리너와 메리앤이 헤어진 건 아니었다. 메리앤은 19세가 되자 따뜻한 우정과 존경심으로 한때 따분하고 너무 늙었다고 생각했던 브랜든 대령과 결혼하는 데 동의했다.

브랜든 대령도 이제 다른 사람들 못지 않게 행복했다. 곧 메리앤은 윌로비를 사랑했던 만큼 그를 사랑하게 되었다.

 대시우드 부인은 계속 바튼 카티지에서 살았다. 마가렛은 무도회와 파티에 다닐 만큼 나이가 들자마자 존 경과 제닝스 부인을 방문했다. 바튼과 델라포드는 서로 이어졌고 돈독한 가족의 사랑이 가득했다. 엘리너와 메리앤은 남편들과 아주 행복하게 살았고, 서로 아주 가깝게 지냈다. 세월이 흐르면서 자매는 더욱 더 가까워졌다.

〈행복한 명작 읽기〉 집필진

Scott Fisher
Seoul National University (M.A. - Korean Studies)
Michigan State University (Asian Studies)
Ewha Womans University, Graduate School of Translation and Interpretation, English Professor

David Hwang
Michigan State University (MA - TESOL)
Ewha Womans University, English Chief Instructor, CEO at EDITUS

Louise Benette
Macquarie University (MA - TESOL)
Sookmyung Women's University, English Instructor

Brian J. Stuart
University of Utah (Mass Communication / Journalism)
Sookmyung Women's University, English Instructor

David Desmond O'Flaherty
University of Carleton (Honors English Literature and Language)
Kwah-Chun Foreign Language High School, English Conversation Teacher

Michael Souza
University of California, Davis (B.A. Anthropology)
California State University, Dominguez Hills (M.A. Humanities)
Elementary school teacher, Sacramento, California Freelance Writer

Silayan Casino
University of Hawaii (International Studies: Western Europe; German Language & Literature, M.A.)
Woosong University, English Instructor

Steve Homer
Northwestern University, B.S. in Journalism (Honors graduate, class of 1988)
YBM Inc. Editorial Department, Senior Writer and Editor Freelance Writer and Editor

---

행복한 명작 읽기 **41** Grade 5

센스 앤 센서빌리티
Sense and Sensibility

원작 Jane Austen **각색** Michael Robert Bradie
펴낸이 정규도 **펴낸곳** (주)다락원

초판 1쇄 발행 2006년 6월 25일 **초판 7쇄 발행** 2023년 10월 1일

책임편집 김지영, 김명진 **디자인** 손혜정, 박은진 **번역** 한은숙
일러스트 An Ji-yeon **녹음** Samia Mounts, Samantha Brooks, Christopher Hughes, Michael Yancey

다락원 경기도 파주시 문발로 211
Tel (02)736-2031 (출판부: 내선 523 영업부: 내선 250~252) Fax 02)732-2037
출판등록 1977년 9월 16일 제406-2008-000007호
Copyright © 2006, 다락원

저자 및 출판사의 허락 없이 이 책의 일부 또는 전부를 무단 복제·전재·발췌할 수 없습니다. 구입 후 철회는 회사 내규에 부합하는 경우에 가능하므로 구입문의처에 문의하시기 바랍니다. 분실·파손 등에 따른 소비자 피해에 대해서는 공정거래위원회에서 고시한 소비자 분쟁 해결 기준에 따라 보상 가능합니다. 잘못된 책은 바꿔 드립니다.

ISBN 978-89-5995-073-7 48740

http://www.darakwon.co.kr
- 다락원 홈페이지를 방문하시면 상세한 출판정보와 함께 동영상 강좌, MP3 자료 등 다양한 도서의 어학 정보를 얻으실 수 있습니다.

Greek Roman Myths
영어로 읽는 그리스 로마 신화

전 12권

신화의 아버지 토마스 불핀치의 "The Age of Fable"을 바탕으로 그리스 로마 신화를 쉽고 재미있게 영어로 재구성한 읽기 시리즈. 세상과 신들의 탄생 이야기, 신과 영웅들의 흥미진진한 모험담 등을 통해 신화의 세계에 푹 빠져 보자. 영어 실력이 쑥쑥 자라는 본책과 해설집, 그리고 원어민이 녹음한 드라마 형식의 음원으로 구성되어 있다.

신화 들어가기 - 초급자용 500단어

1. 세계와 신들의 탄생 (The Origin of Gods)
2. 올림푸스의 신들 (The Gods of Olympus)
3. 제우스의 분노 (The Anger of Zeus)
4. 영웅 헤라클레스 (Hercules)
5. 에우로페와 카드모스 (Europa and Cadmus)
6. 트로이 전쟁 (The Trojan War)

본책 각 7,000원

신화 즐기기 - 중급자용 1,000단어

1. 에로스와 프쉬케의 사랑 (The Love Story of Eros and Psyche)
2. 아폴론과 다프네의 사랑 (The Love Story of Apollo and Daphne)
3. 제우스의 연인들 (Zeus's Lovers)
4. 아폴론의 전차 (Apollo's Chariot)
5. 마이다스의 손 (The Midas Touch)
6. 나르키소스와 에코 (Narcissus and Echo)

본책 각 7,000원